MYANMAR/BURMA

Bilder von Mario Weigt
Texte von Walter M. Weiss

Erste Seite:
Die Pagode von Kyaiktiyo mit ihrem fotogenen, goldüberzogenen Fels liegt circa 160 Kilometer nordöstlich von Yangon und 1100 Meter über dem Meeresspiegel. Die längste Zeit war sie, da nur in mühsamem Fußmarsch zu erreichen, selten besucht. Mittlerweile kommen dank der leichteren Zugänglichkeit im Jahresdurchschnitt mehr als 10 000 Pilger und Touristen pro Tag.

Seite 2/3:
In die Lektüre spiritueller Schriften vertiefte Novizen im Kloster Shwe Yan Bye. An die 50 Mönche leben in dem nördlich von Nyaungshwe gelegenen Refugium. Der Brauch, dass heranwachsende Männer und Frauen für begrenzte Zeit in einem Kloster leben, ist weit verbreitet.

Seite 4/5:
„Shwe" bedeutet Gold, und „Dagon" ist der alte Name von Yangon/Rangun. Die Shwedagon-Pagode ist das sagenumwobene Wahrzeichen der Landesmetropole Burmas und zugleich das wichtigste Heiligtum des Landes.

Rechts:
Am Strand von Sinma, einem Fischerdorf knapp 20 Kilometer südlich von Ngwe Saung. Die westliche Küste zwischen Irrawaddy-Delta und der Grenze zu Bangladesh gilt als echter Geheimtipp, hier finden sich schier endlose Strände, dazwischen Mangrovenwälder und verschlafene Hafenorte.

Inhalt

Seite 8/9: Das Ruinenfeld von Bagan frühmorgens vom Korb eines Heißluftballons aus zu inspizieren, zählt zu den unvergesslichsten Stunden im Leben jedes Reisenden. Höchstens ein vereinzelter Hahnenschrei, die Gesänge der Mönche oder die Klänge der Geisterglöckchen und Gongs durchbrechen die berückende Stille.

Seite 10/11: Seit Jahrhunderten schon bildet die Sule-Pagode für Yangons Einwohner den religiösen Bezugspunkt, den sie, geplagt von Alltagssorgen, aufsuchen. Den britischen Stadtplanern diente sie als Mittel- und Referenzpunkt ihres schachbrettartigen Straßenrasters.

GOLDEN EAGLE

AGD BANK

„Mingalabar!“ – „Willkommen!“ in Myanmar/Burma

Größte Touristenattraktion Amarapuras ist die U-Bein-Brücke. Um 1850 erbaut, führt sie, auf fast tausend Pfählen ruhend, 1,2 Kilometer weit über den Stausee Taungthaman. Lange Zeit war die Ebene in der heißen Jahreszeit nahezu ausgetrocknet. Doch seit man das Wasser aufstaut, werden die Pfähle des übrigens zur Gänze aus Teakholz gezimmerten Bauwerks ganzjährig umspült.

„Mingalabar!" – „Willkommen!" in Myanmar/Burma

Wer noch nie hier war, könnte denken, diese Welt existiere nur mehr in den Wunschträumen nostalgischer Globetrotter, die dem Flair Saigons oder Singapurs zu kolonialen Zeiten nachtrauern. Oder in den Klassikern eines Rudyard Kipling, Joseph Conrad oder William Somerset Maugham. Doch sitzt man erst einmal im Bus vom Airport im Vorort Mingaladon hinein nach Yangon, wie man Burmas altehrwürdige Landesmetropole Rangun seit 1989 offiziell zu nennen hat, defilieren Szenen am staunenden Auge vorbei, die aus dem vierrädrigen Gefährt tatsächlich eine wundersame Zeitmaschine machen: Frauen winken, die Wangen mit Thanaka, der duftenden und desinfizierenden, vor der Sonne schützenden Paste aus Baumrinde, bestrichen und im Mund eine qualmende Zigarre, die berühmte Cheroot. Männer, ihre zarten Leiber in Longyis, die traditionellen, knöchellangen Lendentücher, gewickelt, strecken einem zum Zeichen des Willkomms ihre vom Betelkauen knallroten Zungen entgegen. Vor den Eingängen in die unzähligen Tempel flechten Kinder Blumengirlanden, knien Alte betend vor Buddha-Figuren. Und kahlgeschorene Mönche tragen mit stoischem Blick ihre Bettelschalen durch das Menschengewühl. Selbst die Passagiere jener prähistorischen Leyland-Busse, die vereinzelt immer noch der jüngst erst gestarteten, aber rapiden Modernisierung des öffentlichen Fuhrparks trotzen, lachen, obwohl sie auf den löchrigen Trittbrettern in Trauben in der prallen Sonne hängen müssen, und winken dem langnasigen Neuankömmling mit infektiöser Heiterkeit zu.

Dieses Mädchen, fotografiert unweit von Hpa-an, bedeckt ihre Wangen mit Thanaka. Die durch Zerreiben von Holz, Rinde oder Wurzeln gewonnene Paste dient in erster Linie der Betonung der Schönheit. Doch wird auch der Kühlungseffekt sowie die Funktion als Sonnenschutz geschätzt.

So richtig sinnlich fassbar wird Burmas Zauber beim ersten Besuch einer Pagode: Wenn man mit nackten Fußsohlen – Schuhe und Socken sind aus religiösen Stätten generell verbannt – über die sonnengewärmten Marmorplatten wandelt, beginnt sich das aus Europa eingeschleppte Gefühlskorsett zu lösen. Die Duftschwaden der Räucherstäbchen, das helle Geklingel der Meditationsglöckchen im Wind und das Gemurmel der Gläubigen, die ihre persönlichen Planeten, Tiere und Wochentage anbeten, schnüren es weiter auf. Endgültig legt man alle Enge und Eile spätestens beim ersten Abendspaziergang ab. Selbst in den Außenbezirken Yangons trifft man dann vielerorts noch auf eine geradezu dörfliche Finsternis, in der die Gaslaternen der Garköche und ambulanten Händler Lichtinseln bilden. In ihrem Schein verwandeln sich die Trottoirs in kleine Märkte, deren Sortiment Singvögel in Bambuskäfigen ebenso umfasst, wie Transistorradios, Wassermelonen, frische Flussfische und an Ort und Stelle gepressten, herrlich süßen Zuckerrohrsaft.

Der Reiz der Widersprüchlichkeit

Myanmar alias Burma gilt vielen Asienkennern zu Recht als das schönste, weil ursprünglichste Land der Region. Zivilisationsmüde Weltenbummler sahen in ihm lange Zeit eine Art Shangri-La, eine von der übrigen Welt entrückte Insel im Strom der Zeit, auf der statt der fragwürdigen Errungenschaften der modernen Zivilisation noch buddhistische Verinnerlichung und echte Gelassenheit herrschen. Sie schwärmen von seinen Landschaften und Baudenkmälern, den sattgrünen Reisfeldern im Süden, den gewaltigen Gipfeln und dicht bewaldeten Hügelrücken zu deren Füßen im Norden, von den majestätischen Strömen und palmgesäumten Meeresstränden, den archaischen Dörfern und Klöstern aus Teakholz, den golden glänzenden Pagoden und Buddha-Figuren; und natürlich vom Charme seiner Menschen, ihrer unumstößlichen Glaubensstärke und dem von stoischer Ruhe und Stolz getragenen Lächeln.

Tatsächlich zählt „Pyidaungsu Soshallit Thamada Myanma Nainggandaw", wie die Volksrepublik in der Amtssprache Birmanisch heißt, zu den reizvollsten Reisezielen auf unserem globalisierten Planeten überhaupt. Darf man doch hier noch ruhigen Gewissens die Gebote westlicher Effizienz vergessen und stattdessen den Wert der Langsamkeit (wieder)entdecken. Die Grenze zwischen Begeisterung und Verklärung ist freilich fließend. Man mache sich keine Illusionen: Ein halbes Jahrhundert lang, seit 1962, hatte die sozialistische Militärregierung, eine ebenso brutale wie korrupte Junta aus rund zwei Dutzend Generälen, das Land eisern im Griff gehalten. Die Menschenrechtslage war katastrophal, ebenso die Situation vieler Minderheiten in den Randgebieten und, ganz generell, der Zustand der Infrastruktur und Wirtschaft. Burma war von seinen Herrschern ausgebeutet und vom Rest der Welt isoliert, das Volk bettelarm. Erst im Herbst 2011 hat das Regime von der um die Jahrtausendwende Hals über Kopf aus dem Urwaldboden gestampften Retortenhauptstadt Naypyidaw aus die politische und – für die Machthaber weit wichtiger, weil höchst lukrativ – die wirtschaftliche Öffnung des Landes verfügt. Seither ist die Macht offiziell in die Hände einer zivilen Regierung gelegt. „The Lady", die legendäre Oppositionsführerin Aung San Suu Kyi, wurde aus dem – 15 Jahre währenden – Hausarrest entlassen und wieder in den politischen Prozess integriert. Und Investoren aus aller Welt stürmen das Land. Schon haben private Banken, Tankstellen, Reisebüros und Shoppingmalls zuhauf eröffnet. Benzin ist nicht mehr Mangelware, das Desaster ständiger Stromausfälle zumindest in Yangon Vergangenheit. Der Zustand der Straßen und Kanalisation hat sich markant gebessert. Zahlreiche Hotels westlichen Zuschnitts sprießen aus dem Boden. Überhaupt haben Kräne den Himmel über der ehemaligen Hauptstadt erobert. Auf den Straßen hat die Autoflut voll eingesetzt. In den Händen und Köpfen der Menschen sind Smartphones allgegenwärtig. An wichtigen Kreuzungen verheißen riesige Plakate die Segnungen fremder Götzen namens Tata und Toyota, Huawei, Budweiser und Marlboro. Doch man darf nicht

Zwei junge Nonnen des Klosters Dein-Hpa bereiten, wie jeden Tag, das Essen zu. Für sie und die etwa fünfzig weiteren Nonnen, die das bei Bhamo gelegene Kloster betreiben, gilt wie für alle Nonnen Myanmars: Sie tragen den Mönchsroben ähnliche, rosafarbene oder rötlich-gelbe Gewänder, bekommen ebenfalls das Kopfhaar geschoren und sammeln auch öffentlich Almosen. Doch in der religiösen Hierarchie und sozialen Reputation rangieren sie deutlich unterhalb der männlichen Klosterbewohner.

Der Blick von der Shwe-Kyet-Yet-Pagode auf den Irrawaddy offenbart die majestätische Weite des Stromes. Die Transportschiffe sind ein deutliches Indiz dafür, dass das Gewässer trotz der allmählich verbesserten Fernstraßen bis heute auch wirtschaftlich als wichtigste Lebensader des Landes fungiert.

vergessen: Immer noch vier Fünftel der Bevölkerung leben auf dem Land (und insgesamt rund 70 Prozent von der Agrarwirtschaft). Und dort ändert sich die Situation nur sehr langsam zum Besseren. Für Ende 2015 freilich – nach Drucklegung dieses Buches also – waren „freie und faire Parlamentswahlen", so das Versprechen der Wahlkommission, anberaumt. Das Volk hofft inständig, dass der Abschied von der Militärdiktatur unumkehrbar ist.

Glaube und Geografie

Die Schwierigkeit, sich diesem Land gebührlich zu nähern, beginnt schon bei seinem Namen: Früher hatte man die Wahl zwischen Burma und Birma. Burma nannten es in Anlehnung an die indische Bezeichnung „Bama" die englischen Kolonialherren. Vor ihnen schon hatten es die Portugiesen als erste Europäer in der Region Birma, abgeleitet von „Mbirma", der Bezeichnung für das Reich der Urbevölkerung der Mon, getauft. 1989 schließlich benannte die Regierung in ihrem Re-Nationalisierungsfuror das Land in Union Myanmar um. Damals wurden im Rückgriff auf vorkoloniale Zeiten auch die Namen vieler Flüsse und nahezu aller Orte geändert. Die ehemalige Hauptstadt Rangun etwa heißt seither Yangon. Nicht im Geringsten geändert hat sich trotz der flächendeckenden Umtauf- und all der anderen politischen Willküraktionen die Religiosität, die das Gros der Menschen zutiefst durchdringt. Ganz Burma ist mit Pagoden und glockenförmigen Stupas überzogen wie mit einem Geflecht aus Perlen. Könnte man sie als kleine Leuchtpunkte ansehen, wäre das Land, aus der Luft betrachtet, auch nachts taghell erleuchtet. Und in ihrem Inneren, wo man Bildnisse oder Reliquien des Buddha aufbewahrt, werden sie von vielen kleinen Kerzen erhellt. Dieses Netz von Heiligtümern, das über das Land geworfen ist, verbindet die Seelen der Menschen und gibt ihnen Halt. Generatoren gleich, regeln diese Orte einen unsichtbaren Strom von Kräften, die geistige Nahrung, Heilung und Erleuchtung zugleich bedeuten.

Gut fünf Prozent der rund 52 Millionen Einwohner Burmas, deren Gesamtzahl vor einer Generation noch gerade die Hälfte betrug, aber neuerdings jährlich nur mehr um weniger als ein Prozent steigt, sind Christen, knapp vier Muslime, eine kleine Minderheit bilden Hindus und Anhänger animistischer Stammesreligionen. Fast neun Zehntel bekennen sich zum Buddhismus.

Ungleich komplexer als die religiöse Zusammensetzung präsentiert sich Burmas Geografie: Der mit 676 000 Quadratkilometern flächengrößte Festlandstaat Hinterindiens ist mit rund 80 Einwohnern pro Quadratkilometer für südostasiatische Verhältnisse relativ dünn besiedelt. Er misst an seiner breitesten Stelle in Ost-West-Richtung 935 Kilometer. Seine maximale Nord-Süd-Ausdehnung hingegen beträgt, vom 5881 Meter hohen Gipfel des Hkakabo Razi am Dreiländereck mit Indien und China bis zum allerletzten Eiland des am Ende des schmalen, langen Küstenstreifens der Malaiischen Halbinsel gelegenen Mergui-Archipels, 2050 Kilometer. Lange Grenzen hat Burma mit Thailand (1600 Kilometer), China (1520 Kilometer) und Indien (1040 Kilometer), vergleichsweise kurze mit Laos und Bangladesch (je 240 Kilometer). Im Westen wird es vom Golf von Bengalen, im Südosten von der Andamanen-See eingefasst. Sein Landschaftsprofil prägen mehrere vom Himalaja südwärts verlaufende Gebirgsketten. Zwischen ihnen streben die großen Ströme, Chindwin, Irrawaddy, Sittang und Thanlwin, in Richtung Ozean.

Geografisch und klimatisch wird das langgestreckte Gebiet traditionell in Nieder- und Oberburma geteilt. Die Grenze zwischen beiden verläuft in etwa auf der Höhe von Pyay und Toungoo. Niederburma liegt im Einzugsbereich des Monsuns. Die vom Indischen Ozean herbeigewehten Wolkenmassen regnen zwischen Mai und Oktober an der Küste regelmäßig ab. Dabei werden entlang den meeresnahen Bergketten von Rakhine und Tanintharyi jährliche Niederschlagsmengen von bis zu 5000 Millimeter gemessen. Dementsprechend sind weite Teile von tropischem Regen- und Bergwald bedeckt. Das viele Nass ermöglicht im Verbund mit dem fruchtbaren Boden und der schwül-warmen Luft aber auch eine ganzjährig äußerst ertragreiche Landwirtschaft. Sehr anders die Situation im weiter nördlich gelegenen Zentralbereich des Irrawaddy-Beckens: Er lässt sich lediglich dank einem weit verzweigten System aus Teichen und Kanälen, die das Schmelzwasser der Himalajagletscher auf die Felder leiten, agrarisch nutzen. Ansonsten bestimmen in dieser Trockenzone, die relativ kühle Winter, dafür extrem heiße Frühsommer kennt,

Hier scheint die coole, effizienzbestimmte Welt westlicher Großhändler und Shoppingmalls noch wohltuend fern: geschäftiges Treiben in einem Laden für Stoffe im Zeigyo, dem Zentralmarkt von Mandalay, der zweitgrößten Stadt des Landes.

Busch-, Grasland und Steppe das Vegetationsbild. Umrahmt wird dieses Kernland an drei Seiten von Gebirgen, die zwischen November und Februar durchaus Frost und in höchsten Höhen sogar Schnee verzeichnen. Das Rakhine-Yoma-Massiv und die bis zu 3000 Meter hohen Chin Hills im Westen sowie das von stellenweise ebenfalls an die 2700 Meter hohen Bergketten reich zergliederte Shan-Hochland im Osten sind fast durchwegs dünn besiedelt, schlecht erschlossen und dicht bewaldet. Wobei der ursprüngliche Dschungelbewuchs aufgrund illegaler Abholzungen und Brandrodungen beinahe ganz verschwunden ist.

Ein Mosaik der Völker

Ähnlich reich zergliedert wie die topografische, präsentiert sich auch die ethnografische Karte der verwaltungsmäßig in sieben autonome Bundesstaaten und sieben Provinzen geteilten „Union Myanmar". Kulturell und politisch dominierendes Volk sind die anfänglich aus Zentralchina und dem Himalaja-Raum eingewanderten, auch Bamar genannten Birmanen. Sie stellen mit circa 35 Millionen knapp zwei Drittel der Gesamtbevölkerung und sind vorwiegend im zentralen Tiefland ansässig. Ihre Sprache, das zur sinotibetischen Familie gehörige, für westliche Ohren angenehm melodische Birmanisch, setzt sich aus einsilbigen unveränderlichen Wortelementen zusammen, die durch unterschiedliche Tonhöhen ihre jeweils spezielle Bedeutung erhalten. Sie hat mit den Sprachen der großen Nachbarvölker, den Bengalen, Chinesen und Thai, nichts gemein.

Zu den wichtigsten der insgesamt 135 offiziell anerkannten Volksgruppen gehören die knapp eine Million im nordwestlichen Grenzgebiet zu Indien beheimateten Chin. Weniger zahlreich, aber historisch bedeutsamer sind ihre südlichen Nachbarn, die an der Küste siedelnden Rakhine. Waren sie es doch, die ab dem mittleren 15. Jahrhundert, damals noch Arakanesen genannt, von ihrer Hauptstadt Mrauk U aus mehr als 300 Jahre lang über ein eigenes Königreich verfügten und später zu den erbittertsten Gegnern sowohl der

Aus Reisfeldern ragende Felsnadeln mit Klöstern oder Pagoden obendrauf sind das Markenzeichen der Landschaft rund um Hpa-an. Spektakulärstes Beispiel: das 10 Kilometer südwestlich inmitten eines Sees auf einer Kalkspitze thronende Heiligtum von Kyauk Ka Lat.

britischen Kolonialarmee als auch der Zentralregierung in Rangun wurden. Ihr Lebensraum ist es übrigens auch, in den mit der britischen Kolonialmacht im 19. Jahrhundert aus Bangladesch jene als Rohingya bezeichneten Muslime zuwanderten, die in jüngsten Jahren, als staatenlose Binnenflüchtlinge verachtet, blutig verfolgt und teilweise zur Flucht getrieben, international für traurige Schlagzeilen sorgen.

Am Oberlauf des Irrawaddy und im nördlichen Hügelland sind die rund 600 000 Kachin zu Hause. Zu ihnen werden auch diverse, zum Teil noch in unzugänglichen Wäldern sehr isoliert lebende Unterstämme mit Namen wie Jinghpaw, Lashi, Lisu, Maru, Rawan oder Tarong gezählt. Weiter südlich, im Grenzgebiet zu Thailand, leben die Kayah und die Karen alias Kayin. Letztere teilen sich den äußersten Südosten mit den etwa 500 000 Mon, deren Idiom stark dem der kambodschanischen Khmer ähnelt. Die zahlenmäßig größte Ethnie bilden die fast vier Millionen Shan. Als Thai-Volk, das, ehe die Chinesen es von dort vertrieben, an den Ufern des Jangtse und Mekong siedelte, bewohnen sie den bergigen Nordosten Burmas. Aus ihren Reihen stammt jener berühmt-berüchtigte Schmugglerkönig Khun Sa, der jahrzehntelang eine führende Rolle beim Opiumhandel im „Goldenen Dreieck" zu Laos und Thailand spielte, Anfang der 1990er-Jahre das Gebiet der Shan kurzzeitig sogar als unabhängigen Staat proklamierte, sich später aber mit den Militärs in Yangon arrangierte. Kleiner, aber unter Globetrottern kaum minder prominent ist der ein Stück südlich ansässige Stamm der Padaung. Zu ihm, dessen Angehörige, obwohl auf dem Papier Katholiken, an „grüne Geister" glauben und sich gerne an Schlangengerichten mit Marihuana-Sauce laben, zählen jene berühmten „Giraffen-Frauen", die ihre Hälse – äußerst fotogen – mittels Metallringen künstlich zu strecken pflegen. Das Blut der Padaung fließt übrigens auch in den Adern von Pascal Khoo Thwe, einem vor allem in der angelsächsischen Welt berühmten Dissidenten. Dessen Buch – „From the Land of Green Ghosts. A Burmese Odyssee" – über die politischen Zustände im Grenzland, seine Kindheit und spektakuläre Flucht sei jedem Burma-Urlauber als aufrüttelnde Reiselektüre ans Herz gelegt!

Schlendert man im klimatisch moderaten Hochland durch einen der farbenfrohen Märkte, genießt man nicht nur die große Vielfalt an Gemüsen, Früchten und Gewürzen. Auch das kunterbunte Treiben der leuchtend farbig gekleideten Marktfrauen und Kinder erfreut das Auge. Das kulturelle Nebeneinander von Birmanen, Shan, Kayah, Intha und Palaung ließe nicht vermuten, dass sich die hier friedlich zusammenlebenden Minderheiten in dem Vielvölkerstaat tendenziell als Fremde fühlen. Dies liegt zum einen daran, dass sich die militanten Verwandten der nichtbirmanischen Ethnien in den Grenzregionen, wie etwa die Karen National Liberation Army, zum Teil seit Jahrzehnten in einem zermürbenden Guerillakrieg gegen die staatliche Armee befinden. Weit mehr noch aber dürfte es am rapide wachsenden Einfluss des übermächtigen Nachbarn im Norden liegen. Im Osten des Kachin- und des Shan-State wird nicht mit den matten, meist zerschlissenen Scheinen der Landeswährung Kyat und auch nicht in Dollars gehandelt, sondern in Yuan. Man spricht Chinesisch, die Kasinos und Bordelle sind in chinesischer Hand und die Uhren nicht nach der neuen Hauptstadt Naypyidaw gerichtet. Vielmehr gehen sie, wie in China, eineinhalb Stunden voraus. Und das Mobil-Telefon reagiert nur auf Anbieter von jenseits der Grenze. Es mag, freilich in weit umfassenderem Sinn, genau jene schleichende Dominanz der angrenzenden Supermacht gewesen sein, die Burmas Herrscher vor ein paar Jahren bewog, um die drohende allzu einseitige ökonomische Abhängigkeit zu verringern, die Fühler zum Rest der Welt auszustrecken, ihr Land zu öffnen und damit seinen Bewohnern eine deutlich lichtere Zukunft in Aussicht zu stellen.

Seite 20/21:
Zu den eindrucksvollsten, wenngleich wenig bekannten Naturdenkmälern des Landes zählt die eine halbe Autostunde von Hpa-an gelegene Tempelhöhle Saddar. Die Kathedrale aus Fels beherbergt diesen in Jahrmillionen gewachsenen Stalaktit, der mit einem goldenen Hti gekrönt ist, einem „Schirm", wie er normalerweise Tempelspitzen ziert.

Yangon und der Südwesten – Landesmetropole, Delta und Bengalische Küste

Die Shwedagon, im Herzen Yangons gelegen, ist die wohl prächtigste Pagode ganz Asiens. Sie ragt fast 100 Meter hoch in den Tropenhimmel. Die Plattform, auf der sie ruht, ist rundum von zahllosen Schreinen, Stupas und goldenen Buddha-Statuen gesäumt.

Yangon und der Südwesten – Landesmetropole, Delta und Bengalische Küste

Fast jede touristische Reise durch Burma nimmt hier ihren Ausgang: Yangon alias Rangun ist mit inzwischen weit über fünf Millionen Einwohnern unbestritten der urbane Mittelpunkt der Volksrepublik. Hier pulsieren wie nirgendwo sonst im Land Wirtschaft und Handel. Vor allem aber ragt hier seit über 1000 Jahren die weltberühmte Shwedagon-Pagode wie ein goldener Finger himmelwärts. Und in Rangun, so der Name der Stadt zu britischen Kolonialzeiten, erhalten Neuankömmlinge für gewöhnlich ihren ersten Eindruck von der magischen Atmosphäre, für die dieses so glänzende wie geschundene Märchenland zu Recht gepriesen wird.

Ceylonesische Chroniken besagen, dass hier, am Ufer des Yangon alias Hlaing River, der aus den Bago-Yoma-Bergen kommend 30 Kilometer weiter südlich in den Golf von Mottama, die Andamanen-See, mündet, schon vor 2500 Jahren eine Siedlung bestand. Sie hieß Okkala und war wohl ein simples Fischerdorf oder bestenfalls eine Niederlassung indischer Händler. Wenig später gründeten die Mon direkt am Flussufer die Ortschaft Dagon. Schon in der frühen Neuzeit berichteten europäische Reisende begeistert von einer Goldenen Pagode, der Shwedagon („Shwe" bedeutet auf Burmesisch Gold), deren gleißender, 90 Meter hoher Stupa alle Blicke auf sich zog. Den Grundstein für den Aufstieg zur Stadt legte König Alaungpaya, der Dagon 1755 von den Mon eroberte und in Yangon („Ende des Streits") umbenannte. Doch erst nachdem sich die Briten im südlichen Burma festsetzten, gegen Mitte des 19. Jahrhunderts, erlangte die von Sümpfen umgebene Kleinstadt außenwirtschaftliche Bedeutung. Um 1900 war sie – vor allem dank der zugewanderten Inder, des Geschicks ihrer Kaufleute, des Geldes ihrer Bankiers und der Knochenarbeit ihrer Kulis – bereits eine blühende Metropole.

Unweit des Osteingangs der Shwedagon-Pagode liegt, ebenfalls in der Kyar Taw Ya Street, der Eingang zur Shitaung-Buddha-Pagode. Vor ihm werden traditionell Tauben gefüttert – ein Spektakel, das Touristen gerne mit dem Fotoapparat festhalten.

In einigen Straßen der Außenbezirke beschwört ein Spalier aus Prachtvillen jener Zeit bis heute nostalgische Gefühle. Es sind verwunschene, von Bananenstauden und Jacarandabäumen umwucherte, teils aus Ziegeln gemauerte, teils aus Teak oder dem harten Eisenholz (Pyinkado) gezimmerte und beschnitzte viktorianische Feudalsitze mit windschiefen Ziegeldächern, überdachten Säulengängen, viel Stuck, Ziertürmchen, Balkonen und großen Fensterläden. Im Herzen der Metropole sind die breiten Boulevards und Alleen oft von den monumentalen Fassaden der einst britischen Kontore, Banken und Verwaltungsgebäude gesäumt – und die Nebenstraßen von den niedrigeren Steinhäusern der einheimischen und indischen Händler. Nicht wenige historische Gebäude (die sich neuerdings freilich da und dort in den Schatten emporschießender Hochhäuser ducken

müssen) erstrahlen an der Vorderfront in frischer hellgrüner, rosa oder himmelblauer Tünche. Doch hinten hinaus und an den Seiten dominieren – Zeichen der Mangelwirtschaft und des alljährlich die ganze Stadt tränkenden Monsuns – Stockflecken und Moderbraun.

Pagoden, Gebetshäuser, Märkte, Museen

Den topografischen und geistigen Mittelpunkt bildet bis heute besagte Shwedagon-Pagode. Die Besichtigung dieser steingewordenen Quintessenz des burmesischen Buddhismus, die auf einem kleinen Hügel nördlich des Zentrums thront und manch hohen Neubauten zum Trotz von den meisten Stellen der Stadt aus zu sehen ist, markiert zweifellos einen der Höhepunkte jeder Burma-Reise. Einen weiteren verspricht der Lokalaugenschein der nahe gelegenen Sule-Pagode: Ist die Shwedagon die Seele der Stadt, dann ist die Sule gewissermaßen ihr Herz. Symbolisiert jene die erhabene Größe des Glaubens, so scheint diese, deren Ursprung sich ebenfalls im Nebel der mythischen Frühzeit verliert, eher den irdischen Anliegen und Nöten geweiht. Zu Füßen ihres achteckigen Zedi, inmitten eines umtosten Kreisverkehrs, wird für die Lösung alltäglicher Probleme gebetet. Sterndeuter und Handleser bieten hier reihenweise in kleinen Zellen ihre Prophezeiungskünste feil. Die Seiten der Sule sind, wie die der Shwedagon, den jeweiligen Planeten, Tieren und Tagen der acht Himmelsrichtungen zugeordnet.

Eine der populärsten Pagoden ist unten am Fluss die Botataung. Tausend Offiziere sollen Spalier gestanden haben, als vor über 2000 Jahren acht Mönche aus Indien an dieser Stelle Buddha-Reliquien an Land brachten. Der ursprüngliche Bau wurde im November 1943 von einer Bombe der Alliierten zerstört. Statuen, Schrifttafeln und Pagodenmodelle sind in den verspiegelten Reliquienkammern ausgestellt, die kostbarsten Stücke, darunter ein Haar und ein Zahn des Erleuchteten, im Innersten des rekonstruierten Stupas eingeschlossen. Mahavizaya, Kaba Aye, Meilamu, Shwephonebywint … Zahlreich sind die Pagoden, die in der ehemaligen Hauptstadt ebenfalls eine Besichtigung lohnen. Unverzichtbar ist der Gang zum Schrein Chauk Htat Gyi, in dessen riesiger, wellblechgedeckter Halle eine 70 (!) Meter lange Buddha-Figur liegt.

Neben den zahlreichen buddhistischen Heiligtümern stößt man in Yangon freilich auch auf Moscheen und Hindu-Tempel, auf eine Baptistenkirche St. Immanuel, eine Holy Trinity Cathedral, einen Schrein der südchinesischen Hokkien-Gemeinde und, obwohl von den ehemals tausenden Juden vorwiegend irakischen Ursprungs infolge der rigiden Nationalisierung längst alle bis auf eine Hand voll Familien geflüchtet sind, sogar auf eine Musmeah-Yeshua-Synagoge. Ein Merkmal der Stadt, das ihrer Erkundung zusätzlichen Reiz verleiht, ist denn auch die tief in der Geschichte verwurzelte Multikulturalität. Diese offenbart sich nicht nur in der Vielfalt an Gotteshäusern, sondern auch im Profan-Atmosphärischen: Als Flaneur gerät man im Stadtkern unversehens in eine Chinatown und gleich nebenan in

Burmesen lieben, wie alle Welt, Süßigkeiten und Knabbereien. Dabei darf das Fehlen überzuckerter Leckereien globalisierter Marken wie Mars, Snickers und Co. nicht täuschen. Auch diese bunten Tüten sind Importware, stammen aus Thailand oder China.

Die Frauen der Fischer helfen am Strand von Sinma beim Einziehen der Fangnetze. Entlang der Küste von Rakhine steht naturgemäß vorrangig Meeresgetier auf dem Speiseplan. Hier sorgt die Fischerei auch für zahlreiche Arbeitsplätze.

Seite 28/29: Die weltberühmte Shwedagon-Pagode ist das weithin sichtbare Wahrzeichen Yangons. Ihre heutige Gestalt inklusive der 275 Meter langen und gut 200 Meter breiten, exakt nach den vier Himmelsrichtungen orientierten Terrasse, auf der sie ruht, erhielt sie im Wesentlichen Mitte des 16. Jahrhunderts.

ein Little India. Auch in der Gastronomie und dem Sortiment der zahlreichen Märkte lassen sich die Herkunftsländer der verschiedenen Zuwanderergruppen wunderbar erschmecken und erschnuppern.

Apropos Märkte: Ein Muss ist der Bummel durch den Bogyoke-Aung-San alias Scott's-Markt: Unter dem Wellblechdach dieses größten aller städtischen Basare findet man, vom westlichen Whisky über das Fahrrad bis zur Nintendo-Computerspielkonsole, alle erdenklichen aus Thailand importierten beziehungsweise geschmuggelten Konsumgüter. Vor allem aber werden hier sämtliche Erzeugnisse des örtlichen Kunstgewerbes feilgeboten – Holzschnitzereien, Bronzefiguren, Lackarbeiten und Shan-Taschen, Holzmarionetten in kunstvoll bestückten Kostümen, Saung-Harfen, handgewebte Longyis und im Land geschürfte Edelsteine wie Jade, Saphire und vor allem Rubine, darunter sogar die besonders kostbaren, deren Rot angeblich leuchtet wie Taubenblut.

Etliche Sehenswürdigkeiten gälte es noch zu empfehlen: das Nationalmuseum etwa mit dem berühmten, acht Meter hohen, hölzernen Löwenthron, der einst im Königspalast von Mandalay stand. Oder das Unabhängigkeitsdenkmal, dessen von Löwenwesen bewachter Obelisk draußen im Mahabandoola-Park wie ein blendend weißer Speer inmitten bunter Blumenrabatten gen Himmel weist. Das Bogyoke-Aung-San-Museum in jenem Haus, in dem Aung San, der Held des Unabhängigkeitskampfes, wohnte und seine nunmehr nicht minder berühmte Tochter, Friedensnobelpreisträgerin Aung San Suu Kyi, das Licht der Welt erblickte. Oder jenes Myanmar-Drug-Elimination-Museum, das den Kampf der Behörden gegen die Drogenbarone dokumentiert und dabei unfreiwillig so manches über die zweifelhafte Rolle der Streitkräfte enthüllt.

Doch irgendwann ist es Zeit, sich im Herzen der Metropole ziellos treiben zu lassen. Zumal die Briten seinerzeit ihre Straßen so fein säuberlich rechtwinkelig anlegten – die breiten Boulevards von West nach Ost, die engeren Quergassen von Nord nach Süd –, dass ein Verirren nahezu unmöglich ist. Man spaziere also los und genieße die einzigartige Gleichzeitigkeit des Ungleichzeitigen: beobachte etwa zu Füßen eines gläsernen Wolkenkratzers in einer stillen Seitengasse die Jungen beim Chinlon-Spiel, der burmesischen Variante des Fußballs, bei der das Leder nur faustgroß und aus Bambus ist; man probiere eine Schüssel Mohinga, die für Einheimische obligate Frühstückssuppe mit Reisnudeln und Fisch; streife durch einen der vielen Märkte, um zwischen offenen Säcken und altertümlichen Waagen unter feinen Stoffen oder fremdartigen Gewürzen zu gustieren; oder lasse sich von einem der ambulanten Astrologen in ihren winzigen Buden am Straßenrand die Zukunft weissagen. Wenn die Füße irgendwann nicht mehr wollen, kann man auf ein trishaw, eine der allgegenwärtigen Drei-rad-Rikschas, umsteigen und sich nach Norden hinaus zu den weitläufigen Grünanlagen, zum Volkspark etwa, an den Kandawgyi- oder, weiter noch, an den Inya-See, radeln lassen. Man kann in einem der unzähligen Tea-Shops einkehren, einen shae Co, den milchig-süßen burmanischen Kaffee, einen laphet yay (Tee) oder eine knusprige Samosa ordern und mit den Stammgästen in holprigem Englisch über die Welt und das Wetter, die Generäle, die „Lady" (Aung San Suu Kyi) oder, ganz allgemein, die infolge der Öffnung 2011 angebrochenen, neuen Zeiten plaudern, was die Gerüchteküche hergibt. Oder man steigt pünktlich zum Five-O'Clock-Tea im hochvornehmen, Anfang der Neunzigerjahre in alter Pracht wiedererstandenen Strand-Hotel ab, um im Korbstuhl beim Campari Soda – politically very incorrect – im (post)kolonialen Ambiente zu schwelgen.

Das Delta, sein Zentrum, Pathein, und die nahen Strände

Das Lebenstempo in Yangon mag sich seit der „Demokratisierung" und „Liberalisierung" merklich beschleunigt haben. Doch schon am Rande ihres unmittelbaren Einzugsgebiets, das insgesamt mittlerweile an die 7,5 Millionen Einwohner zählt, vollzieht sich der Alltag nach wie vor im trägen Andante uralter Traditionen, die von westlichem Einfluss und der Moderne überhaupt weitgehend unberührt geblieben sind. Besonders gilt dies für den semi-amphibischen Raum des Irrawaddy-Delta mit seinen unzähligen, von Mangroven, Palmen und Bambus gesäumten Kanälen und Flussarmen. Eine betörend schöne Vorstellung davon vermittelt bereits ein Tagesausflug in die nahe Umgebung Yangons, in das Städtchen Twante zum Beispiel oder nach Thanlyin.

Das mit einer knappen Viertelmillion Einwohnern größte städtische Zentrum des Deltas und sehr sehenswert ist Pathein. Am Ostufer des gleichnamigen Flusses gelegen, spielte es schon im ersten Jahrtausend als Hafen für den Handel zwischen China und Indien eine bedeutsame Rolle. Die Briten machten es zur Garnison und zum Hauptumschlagplatz für Reis und Jute aus der Region. Heute ist die Stadt auch für die Fisch verarbeitende Industrie bekannt. Und für den pathein hti, den berühmten Bambusschirm, dessen Herstellung man als Tourist in zwei Dutzend Werkstätten mitverfolgen kann. 18 Stunden brauchen die Doppeldecker-Expressschiffe mit kurzen Zwischenstopps in Ma-ubin und Myaungmya von Yangon hierher. Was den Reisenden erwartet? Ein freundliches Städtchen mit kurzweiligen Märkten und einer Fülle prachtvoller Pagoden.

Eine Vorstellung von der Schönheit der ganzen Küste entlang dem Golf von Bengalen verschafft ein Abstecher zu dem nur rund 60 Kilometer entfernten Badeort Chaungtha. Sein von Kokospalmen und Kasuarinen gesäumter Strand ist zwar nicht makellos weiß, aber herrlich breit, ergo ideal geeignet für diverse Strandsportarten. Und das nahe Fischerdorf bezirzt mit noch kaum verfälschter Idylle und einem lebhaft-bunten Markt. Noch prächtiger, weil 14 Kilometer lang, präsentiert sich ein Stück südlich Ngwe Saung, der „Silberstrand". An ihm sind freilich seit seiner offiziellen Eröffnung im Milleniumsjahr bereits etliche Hotelanlagen aus dem Boden gewachsen, die scharenweise Oberschicht-Urlauber aus Yangon und Pauschaltouristen aus Übersee anlocken.

Ngapali, Chaungtha oder Ngwe Saung (hier im Bild) heißen die schönsten und namhaftesten Strandorte entlang der burmesischen Küste am Golf von Bengalen. Hier kann man die Reise ins Land der goldenen Pagoden mit entspannenden Tagen an silbernen Stränden wunderbar ausklingen lassen.

William Somerset Maugham schwärmte 1930: „Endlich hatten wir die große Terrasse erreicht. Rund um uns sahen wir einen Wirrwarr von Gebetshäusern und Pagoden. Sie waren ohne Plan und Symmetrie erbaut, aber in der Dunkelheit, im Glanz des Goldes und Marmors, erstrahlten sie in unglaublicher Pracht. Und dann, mitten unter ihnen, wie ein Schiff, das von Schleppern umgeben ist, wuchs verschwommen, schwer und herrlich die Shwedagon empor." Freilich irrte sich der englische Schriftsteller: In dem „Wirrwarr" steckt sehr wohl Methode.

Auf dem Gelände der Shwedagon-Pagode kann man nicht nur den Reichtum der Architektur bestaunen. Ebenso faszinierend ist es, die Gläubigen beim Vollzug ihrer Rituale, dem Beten und Opfern von Wasser, Blumen, Kerzen und Räucherstäbchen, zu beobachten. Hier entzünden sie zu Ehren des „Erhabenen" Aberhunderte, rund um den zentralen Stupa gruppierte Öllämpchen.

Die Plattform um die Shwedagon-Pagode misst 433 Meter und hat eine Fläche von fast 60 000 Quadratmetern. Sie ist achteckig und wird an ihrer Außenseite von verschiedenen Pavillons (Tazaungs) und Rasthäusern (Zayats) begrenzt, die die charakteristische Form von fünf, sieben oder neun sich verjüngenden Dächern aufweisen. An jeder Seite der Basis befinden sich acht kleine Stupas. An vier Ecken steht jeweils eine Art Sphinx, Manokthiha genannt, die von mehreren Chinthes, mythologischen Löwen, umgeben ist.

Novizenweihe Shin Pyu an der Shwedagon-Pagode. Es ist für die Familie eine Ehre, jeden Sohn einmal für kurze Zeit in ein buddhistisches Kloster zu schicken. Zur Shin-Pyu-Zeremonie kleidet man die Jungen in prinzenähnliche Kostüme und feiert ein großes Fest.

Die Shwedagon-Pagode – goldenes Herz der Nation

Großes Bild: Seit bald 500 Jahren schon ragt der zentrale Stupa der Shwedagon 100 Meter hoch himmelwärts – weithin glänzend dank jener 8688 massiven Goldplatten, die sie umkleiden. Bisweilen müssen sie mithilfe von Bambusgerüsten restauriert werden.

Legendäre Orte von Weltruf benötigen offenbar legendäre Gründungsgeschichten: Vor mehr als 2500 Jahren – exakt: 588 vor Christus – seien, so erzählen die tiefgläubigen Burmesen gerne, zwei Kaufmannssöhne von einem Besuch bei Gautama Buddha in Indien nach Okkala, das heutige Yangon, zurückgekehrt. Im Gepäck hätten sie als persönliches Geschenk des Erleuchteten acht seiner Barthaare mit heimgebracht. Der damalige König, er hieß Okkalapa, habe für diese Reliquien auf einem Hügel nördlich der Stadt, wo bereits die Reliquien dreier vorangegangener Buddhas aufbewahrt und verehrt wurden, eine kostbar geschmückte Kammer errichten lassen. Und darüber eine goldene Pagode, die wie von Zwiebelschalen von sieben weiteren Pagoden, je einer aus Silber, Zinn, Kupfer, Blei, Marmor, Eisen und Backstein, umschlossen wurde.

Zahlreiche Herrscher haben die Shwedagon-Pagode, deren Name sich aus shwe, dem burmesischen Wort für Gold, und der Bezeichnung der unter dem Volk der Mon entstandenen Vorgängerin der Hauptstadt zusammensetzt, in der Folge vergrößert und ausgeschmückt. Immer wieder erforderten schwere Erdbeben Nachbesserungen. Ihre heutige Gestalt inklusive der 275 langen und gut 200 Meter breiten, exakt nach den vier Himmelsrichtungen orientierten Terrasse, auf der sie ruht, erhielt die Anlage im Wesentlichen Mitte des 16. Jahrhunderts. Seit damals ragt ihr zentraler Stupa fast hundert Meter hoch in den Tropenhimmel – weithin glänzend dank jener 8688 massiven Goldplatten, die sie umkleiden. Der Hti hingegen, jener elf Meter hohe, symbolische Schirm, der dieses gleißende Weltwunder bekrönt, wurde erst 1871 von einem König gespendet. Er ist mit sage und schreibe 5448 Diamanten und mehr als 2300 sonstigen Edelsteinen, Rubinen, Topasen, Smaragden und Saphiren, bestückt und außerdem mit Aberhunderten goldener und silberner Glöckchen behangen.

Einheimische Gläubige kehren den Fußboden um den goldenen Stupa der Shwedagon und vollbringen damit eine gute Tat. Im Buddhismus ist es wichtig, sein Karma zu verbessern. Je mehr gute Taten gesammelt werden, desto besser lebt es sich im aktuellen und nächsten Leben, denn Buddhisten glauben an die Wiedergeburt.

Mindestens ebenso betörend wie all der architektonische und dekorative Prunk wirkt dieses „goldene Mysterium", wie Rudyard Kipling die Shwedagon nannte, auf westliche Besucher durch die Atmosphäre: eine heitere Andächtigkeit, die jede Seele zum Schwingen bringt und weitet. Wer an den beiden riesenhaften, grimmigen Wächterlöwen vorbei über den südlichen der vier überdachten Treppenaufgängen zur Plattform hochsteigt, den mag zunächst die Unmenge an Verkaufsständen überraschen. Nicht nur Blumen und Devotionalien, auch Snacks, Spielzeug und Souvenirs werden hier feilgeboten. Rolltreppen, Neonröhren und Videoscreens mit Projektionen von Buddha-Bildnissen verstärken den Eindruck des Jahrmarkthaftigen. Und all die Fabel- und Buddha-Figuren, die Malereien und Friese an den Gebetshallen, Ruhepavillons und Zedis (kleinen Stupas) faszinieren mehr durch die Naivität des Dargestellten, denn durch ihre künstlerische Qualität.

Doch man muss nur von einem stillen Winkel aus eine Zeit lang die Gläubigen dabei beobachten, wie sie den Geisterwesen hingebungsvoll Räucherstäbchen, Blüten und Früchte darbringen, ihre persönlichen, Glück verheißenden Planeten, Tiere und Wochentage anbeten, in tiefer Versunkenheit meditieren oder, dem uralten Brauch gemäß, das Heiligtum im Uhrzeigersinn umwandern. Die Friedsamkeit solcher Szenen überträgt sich unweigerlich aufs eigene Gemüt.

Gutes Karma für das nächste Leben

Unübertrefflich ist der Zauber dieser wohl prächtigsten Pagode ganz Asiens übrigens zur Abenddämmerung. Dann weicht die Hitze des Tages einer seidenen Brise, taucht die tiefe Sonne den Wald aus goldenen Spitzen in ein samtiges

Licht. Sphärisches Geklingel und das leise Gemurmel der Betenden erfüllen die Luft. Der feine Rauch der Opferkerzen verströmt würziges Aroma. Und Scharen einheimischer Männer und Frauen jeden Alters fegen, beseelt vom Bemühen um gutes Karma für das nächste Leben, gemessenen Schrittes den Boden. Wandert der eilige Besucher aus dem Westen zu dieser magischen Stunde bloßfüßig über die noch warmen Marmorplatten, blickt in die Gesichter der Gläubigen und lauscht seinem Selbst, fühlt er sich fern des Getriebes der Welt und versteht vielleicht, oder erahnt zumindest, weshalb hier, über den acht Barthaaren des Erleuchteten, das spirituelle Herz nicht nur der Hauptstadt Myanmars, sondern des gesamten so gesegneten wie geschundenen Landes schlägt.

Apropos geschunden: Die Burmesen assoziieren mit diesem so friedsamen Ort auch markante und dramatische Ereignisse ihrer Zeitgeschichte: So wohnten zum Beispiel 1871 dem Richtfest, als dem Hauptstupa besagter Hti-Schirm aufgesetzt wurde, mehr als 100 000 Menschen bei. Die feierliche Versammlung mutierte zu einer nationalen Demonstration gegen die britischen Besatzer. 1920 formierte sich zu Füßen der Shwedagon jener Studentenprotest, der den Anfang vom Ende der Kolonialherrschaft einläutete. Und zwei Generationen später hielt Aung San Suu Kyi, die Tochter des charismatischen Generals Aung San, den die Burmesen bis heute als Vater der staatlichen Unabhängigkeit verehren, nach der Heimkehr aus England an diesem bedeutungsschweren Ort eine ihrer ersten großen, öffentlichen Reden.

Links:
Rund um die Plattform des goldenen Stupas der Shwedagon stehen zuhauf astrologische Schreine. Diese Gläubigen wurden an Sonntagen geboren und verehren deshalb den Schrein mit dem Galon, einem mythischen Vogel, und dem Planeten Sonne. Sie spenden Räucherstäbchen und Blumen und übergießen die Buddha-Figur mit Wasser.

Mindestens ebenso betörend wie all der architektonische und dekorative Prunk wirkt dieses „goldene Mysterium", wie Rudyard Kipling die Shwedagon nannte, durch die Atmosphäre: eine heitere Andächtigkeit, die jede Seele zum Schwingen bringt, weitet – und in letzter Konsequenz oft auch beruhigt.

Seite 34/35: Die Mahabandoola Road im Herzen Yangons mit der goldenen Sule-Pagode im Hintergrund. Vor wenigen Jahren noch, als das Land von der Außenwelt abgeschottet lag, herrschte hier weitgehend Dunkelheit und waren bloß Zweiräder unterwegs. Mittlerweile wogt hier urbanes Leben und das Warenangebot am Theingyi-Markt (links im Bild) wird immer üppiger.

Der im Zentrum Yangons gelegene Theingyi-Markt ist bekannt für das große Angebot an Stoffen und Kleidung. Hier wird eine Auswahl an farbigen Longyis, den traditionellen burmesischen Wickelröcken, präsentiert.

Auf dem Theingyi-Markt sind Bananen offensichtlich nicht gerade Mangelware. Die Konkurrenz zwischen den zahlreichen Verkäufern garantiert, dass die Preise nicht in den Himmel wachsen.

Entlang der Anawrahta Road finden Passanten gegen den kleinen Hunger zwischendurch ein reiches Angebot an Snacks. Früchte wie Pflaumen und Beeren werden oft sauer eingelegt und mit Chili oder Zucker gegessen.

Mandarinenverkauf vor dem Theingyi-Markt. Die kleinen Früchte stammen von einheimischen Plantagen, größere Exemplare werden – natürlich zu höheren Preisen – aus China importiert.

Seite 38/39: Der Kandawgyi Lake, früher „Königlicher See“ genannt, ist einer von zwei weitläufigen, stehenden Gewässern von Yangon. Er wurde, eingebettet in einen 45 Hektar großen Naturpark, zu Zeiten der britischen Kolonialregierung angelegt, um deren Quartier mit sauberem Wasser zu versorgen.

Yangons Stadtbild wird im Zentrum von stattlichen Häusern aus der Kolonialzeit geprägt. Viele ihrer Fassaden bedürfen dringend einer Generalsanierung. Andere, wie das mächtige, 1905 bis 1911 von den Briten nach Plänen des Architekten James Ransome an der Ostseite des Mahabandoola Park errichtete Gebäude des Obersten Gerichtshofs, scheinen in ganz gutem Zustand zu sein.

Ein klein wenig atmet Yangon noch heute den Geist einer multikulturellen Metropole. Im westlichen Zentrum erstreckt sich das Chinesenviertel mit seinem charakteristischen Markt, östlich davon das der Inder mit mehreren Hindu-Tempeln. Und im Herzen der Stadt, am Rande des Mahabandoola Garden, steht unmittelbar neben der Hauptgeschäftsstelle der 1910 gegründeten Ayeyarwady Bank (AYA) die strahlend weiße Immanuelkirche der Methodisten.

Nachmittags ist der penibel gepflegte Mahabandoola Garden im Zentrum der Altstadt gut besucht. Im Hintergrund: das 1936 fertiggestellte, in Weiß getünchte Rathaus (Yangon City Development Committee) und die Sule-Pagode.

Das Secretariat Building, einst auch Prime Minister's Office genannt, wurde in den Jahren 1889 bis 1905 erbaut. Es präsentiert sich nach wie vor so stockfleckig wie es vor dem dank der „Demokratisierung" einsetzenden Wirtschaftsboom fast alle Gebäudefassaden in Yangon waren.

Seite 42/43:
Am Südwestufer des Kandawgyi Lake erstreckt sich Yangons Zoo, weiter westlich ragt die Shwedagon himmelwärts. In seinem Wasser liegt dauerhaft der Karaweik-Palast vor Anker. Das 1972 aus Beton gefertigte Replikat der königlichen Barke birgt heute ein Buffet-Restaurant.

Die farbenfrohen Regen- und Sonnenschirme aus Pathein sind landesweit berühmt. Traditionell dienten Schirme den burmesischen Herrschern bei Krönungsumzügen als Insignien ihrer Macht. Bei sonstigen, auch religiösen Umzügen sind sie beliebt als schmückende Elemente. Ihr vordergründiger Zweck ist natürlich der Schutz vor Regen beziehungsweise direkter Sonneneinstrahlung.

Anfangs, vor mehr als 100 Jahren, wurden die Pathein-Schirme aus Papier gefertigt. Heute bestehen sie überwiegend aus Seide, Satin oder Baumwolle, und die Halte- und Spannkonstruktion aus Bambus.

Rechte Seite: Im Großformat findet der „Pathein Hti" heutzutage vornehmlich als Schattenspender an Touristenstränden, in Hotels, Gästehäusern und Restaurants Verwendung. Den Baumwollstoff imprägniert man wahlweise mit Pinien- oder Dieselöl, Wachs oder einem speziellen, aus einer Frucht namens Tae gewonnenen Leim. So bleibt der Schirm sowohl gegen Wasser als auch Insekten resistent.

Großes Bild:
Andachtsszene in der Shwemokhtaw-Pagode in Pathein. Die Hauptstadt des Irrawaddy-Deltas ist mit einer geschätzten Einwohnerzahl von 315 000 die fünftgrößte Stadt Myanmars. Von hier ist es bloß noch eine Autostunde an die Traumstrände Ngwe Saung und Chaungtha.

Links:
Die Körperhaltung (asana) sowie die Gestik seiner Hände (mudra) besitzen, je nach Darstellung des Buddha, eine spezielle Symbolik. Diese Figur, aufbewahrt in der Shwemokhtaw-Pagode in Pathein, ist im sogenannten bhumisparsa mudra dargestellt – Lotussitz, die linke Hand im Schoß ruhend, die rechte mit den Fingerspitzen die Erde berührend. Die Bedeutung: Buddha ruft die Erde als Zeuge an, dass er jeder Versuchung widersteht.

Großes Bild: Die Shwemokhtaw-Pagode beherrscht das Stadtbild von Pathein, dem größten städtischen Zentrum des Deltas. Der Name der Siedlung leitet sich angeblich vom birmesischen Wort für Muslime, pathi, ab und soll auf die ehemals große arabische und indische Community hinweisen.

Pathein spielte schon im ersten Jahrtausend als Hafen für den Handel zwischen China und Indien eine erhebliche Rolle. Ihre frühere Bedeutung als überregionaler Warenumschlagplatz hat die alte Händlerstadt freilich eingebüßt. Im Bild: Transport von Bambuskörben auf dem Pathein-Fluss.

Passagierschiff auf dem Pathein-Fluss: Im Südwesten Myanmars mischten sich seit alters die Ethnien und Religionen. So waren etwa in Pathein schon jahrhundertelang indische Händler und Siedler ansässig. Heute leben hier vor allem Rakhiner und Karen.

Fischerboote „auf Reede" am Tazin Chaung, einem von insgesamt drei Kanälen zwischen Chaungtha und Ngwe Saung. Noch halten die lokalen Fischer mit ihrer hölzernen Fangflotte wacker die Stellung. In den Küstengewässern wimmelt es von Tieren und die internationale Fischindustrie mit ihren vollautomatisierten Trawlern hat noch nicht das Ruder übernommen.

Die Bewohner buddhistischer Klöster pflegen bis heute regelmäßig auszuschwärmen, um von der Bevölkerung in der Umgebung mit leerer Schale in der Hand Almosen zu erbitten. Diese jungen Nonnen drehen nahe dem Ngwe-Saung-Strand in dem Dorf Tazin ihre morgendliche Runde.

Ein Opa bringt auf einem Feldweg zwischen Chaungtha und Ngwe Saung, wie jeden Morgen, seine Enkelin zur Schule. Innerfamiliäre Fürsorge mag in Burma auch wegen des völligen Versagens der staatlichen Behörden in sozialen Belangen besonders ausgeprägt sein. Doch Solidarität zwischen den Generationen ist auch davon abgesehen, wie überall in Südostasien, seit alters ein Grundmerkmal der burmesischen Gesellschaft.

Der Kontrast zwischen Generationen: Während der junge Mann stolz vor seinem – vermutlich brandneu aus China importierten – Motorroller posiert, hat der Holzkahn des Fährmanns offensichtlich viele Jahre auf dem Buckel und schon bessere Zeiten gesehen.

Großes Bild: Speisenzubereitung und Abwasch sind in Burma Frauenalltag – hier in einem kleinen Dorf zwischen Chaungtha und Ngwe Saung. Zu den Standardgerichten gehören Suppen: Ein Klassiker ist Hingyo, eine klare Brühe mit grünem Gemüse, Fisch, Garnelen, oft auch Huhn, die man gemeinsam mit Reis zum Hauptgang isst.

Kleine Bilder: Das Nationalgericht der Burmesen heißt Mohinga. Mit Fisch und Reisnudeln zubereitet, wird es gerne sogar schon zum Frühstück verzehrt. Der Teig für die Nudeln besteht aus Reismehl und lauwarmem Wasser. Er wird in ein Behältnis gefüllt und mit dem löchrigen Gegenstück in heißes Wasser gepresst. Die so entstandenen Vermicelli müssen im Topf kurz aufkochen. Hernach werden sie mit einem Sieb herausgeholt und in kaltem Wasser abgeschreckt.

Oben: Abendstimmung am Ngwe Saung Beach: Über 14 Kilometer weit erstreckt sich dieser Traumstrand. Man erreicht ihn von Yangon in sechsstündiger Busfahrt oder, indem man über Heho nach Pathein fliegt. Von dort sind es noch 50 Kilometer Richtung Westen – gut eine Stunde mit dem Auto.

Rechts: Der Golf von Bengalen ist für seine Anrainer eine unversiegbare Proteinquelle. Wie hier am Ngwe Saung Beach pflegen die Fischer am Abend entlang der ganzen Küste ihre großen Fangnetze einzuholen.

Links:
Bei Sonnenuntergang, wenn die tropischen Temperaturen ein wenig sinken, versammelt sich die Dorfjugend von Ngwe Saung am Strand zum fröhlichen Gekicke. Ihre Freizeit ist noch kaum von Smartphones, Gameboys und Youtube-Videos kontaminiert.

Seite 56/57:
Am Ngwe Saung Beach wurden erst nach der Jahrtausendwende die ersten Hotelanlagen der mittleren und gehobenen Preisklasse eröffnet. Gäste sind sowohl Familien aus der einheimischen Oberschicht als auch Pauschaltouristen aus Übersee.

Burmesische Urlauber düsen mit dem Moped am Ngwe Saung Beach, dem „Silbernen Strand", an der Zwillingspagode (Kyauk Maung Hna Ma) vorbei.

Als wäre die Zeit vor vielen Generationen einfach stehen geblieben: Ochsenkarren vor der Traumkulisse aus Meer, Sand und Palmhainen am Strand von Ngwe Saung.

Bei aller Pracht der Naturkulisse: Die Bewohner des Dorfes Ngwe Saung vergessen keineswegs die spirituelle Grundlage ihres Daseins. Das buddhistische Kloster an der Myo-Ma-Straße hilft ihnen, sich ihrer zu vergewissern.

Zeit der Ernte: Am „Silberstrand“ von Ngwe Saung tragen zufriedene Fischer die Ausbeute ihrer morgendlichen Arbeit nach Hause.

Großes Bild: Fischerboote vor dem Strand von Sinma. Der Unionsstaat Rakhine, international unter dem Namen Arakan bekannt, ist vom Landesinneren durch eine 3000 Meter hohe Bergkette getrennt und dementsprechend abgeschieden. Dank dem Monsun verzeichnet er die landesweit größten Regenmengen. Im Mai und im Herbst wird er des Öfteren von zerstörerischen Stürmen heimgesucht.

Kleine Bilder: Der Fischreichtum sowohl in der Andamanen-See als auch im Golf von Bengalen ist sehr hoch. Dieser Fischer am Strand von Sinma, einem Dorf knapp 20 Kilometer südlich von Ngwe Saung, hat also gut lachen. Und seine Kollegen können ihre riesigen Fangnetze jeden Tag mit berechtigter Zuversicht auswerfen und prall gefüllt wieder einziehen.

Rechts:
Für internationale Verhältnisse mag die touristische Infrastruktur am Strand von Chaungtha noch unterentwickelt wirken. Doch gerade diese Tatsache trägt viel zum Charme des Ortes bei. Und für das wirklich Notwendige – etwa eine Verleihstelle für Fahrräder – ist allemal gesorgt.

Großes Bild:
Ein Palmenhain mit schattenspendenden Wedeln, die in der sanften Brise leise rascheln, dazu ein paar Sonnenschirme, Stühle, ein improvisierter Laden für kühle Getränke, ein schier endloser Streifen feinen Sandes natürlich, und ein warmes, tiefblaues Meer – fertig ist das perfekte Strandidyll. Was diesen Abschnitt des Chaungtha Beach darüber hinaus auszeichnet, ist Kyauk-Zedi, der goldene Felsenstupa.

Rechts:
In Kürze ist der Anleger in Chaungtha erreicht: Mit schlichten Holzbooten wie diesem bestreiten örtliche Fischer den Fährverkehr. Der U Do Chaung, auf dem sie dabei übersetzen, ist einer von drei Flüssen, die zwischen den Strandorten Ngwe Saung und Chaungtha ins Meer, den Golf von Bengalen, münden.

10

Linke Seite:
Im Stadtzentrum von Pyay, jenem Hafenstädtchen am Irrawaddy, das die Engländer Prome nannten und aufgrund seiner Funktion als Ausgangspunkt der Straße Richtung Rakhine zu einer wichtigen Handelsstation machten, steht eine bedeutende „Pagode der goldenen Haarreliquie" (Shwesandaw). Auf deren Areal erhebt sich eine über 60 Meter hohe, freilich nur neunzig Jahre junge Buddha-Statue.

Bilder links:
Etwa 30 Kilometer von Pyay entfernt liegt am Ufer des Irrawaddy die Pagode von Akauk Taung. Sie wird flankiert von langen Reihen von Buddha-Figuren, die hier stationierte Zollbeamte im 19. Jahrhundert in ihrer Freizeit bis zu vier Nischenreihen hoch in die Steilwand aus Sandstein meißelten.

Kleine Bilder: Wer genau schaut, findet im ausgewaschenen Flusssand bisweilen glitzernden Goldflitter. Sehr selten, aber doch entdecken die Glücksritter kleine Nuggets, die in Nordburma die Größe von Maiskörnern erreichen können. Sie werden mit Quecksilber gebunden – eine zwar effiziente, aber höchst umweltschädigende Methode.

Großes Bild: Gewonnen wird Gold aus den sedimentreichen Flüssen im Norden des Landes. Dort stehen Männer und Frauen in der Trockenzeit, wenn der Wasserstand niedrig ist, bis zu den Knien im Irrawaddy beziehungsweise seinen Zubringern und schaufeln den Flusssand auf eine leicht abschüssige Rutsche. In deren feinmaschigem Sieb bleiben hie und da winzige Goldpartikel hängen.

Eng mit dem Geschäft der Goldplättchen, die Gläubige zum Zeichen der Verehrung auf Buddha-Statuen und Pagoden kleben, verbunden ist die Herstellung und der Handel mit Schmuck aus dem wertsicheren Edelmetall. Bei einem Stadtbummel durch Mandalay stößt man des Öfteren auf kleine Werkstätten von Goldschmieden.

Die einzelnen Goldplättchen, die die Gläubigen später in den Pagoden auf Buddha-Statuen applizieren, werden in quadratische Form gebracht und zwischen gelbes Papier gelegt. Eine Packung enthält zehn Stück. Die Tradition der Herstellung von Blattgold reicht in die Frühzeit der alten burmesischen Königreiche zurück. Ihr Zentrum ist das Stadtviertel Myet Pa Yup in Mandalay.

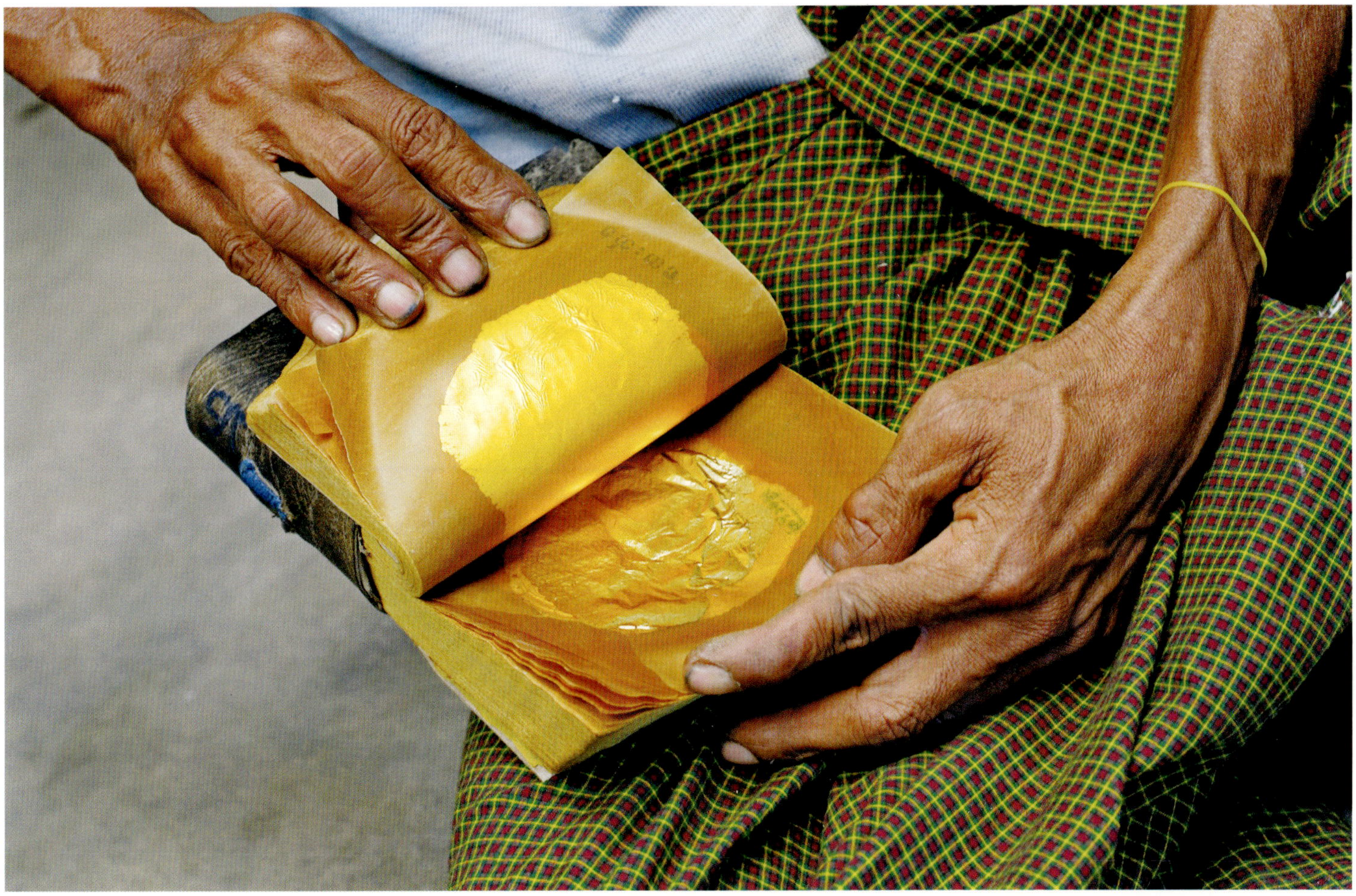

In der Goldwaren-Manufaktur „Gold Rose“ in Mandalay werden vorwiegend Opferplättchen hergestellt. Zunächst wird der Barren zu einem meterlangen Streifen gewalzt, hernach dieser, um zu verhindern, dass er verklebt, gewässert und schließlich in kleine Schnipsel zerteilt.

Die Gold-Schnipsel werden, voneinander durch Bambuspapier getrennt, zu Paketen verschnürt und schließlich von gut bezahlten Hammermännern – höchste Präzision ist gefragt – in mehreren Arbeitsgängen immer dünner und breiter geklopft. Am Ende sind aus 40 Gramm des edlen Metalls etwa 3000 Plättchen geworden, die man mit Pinzetten zwischen geöltes Reispapier legt.

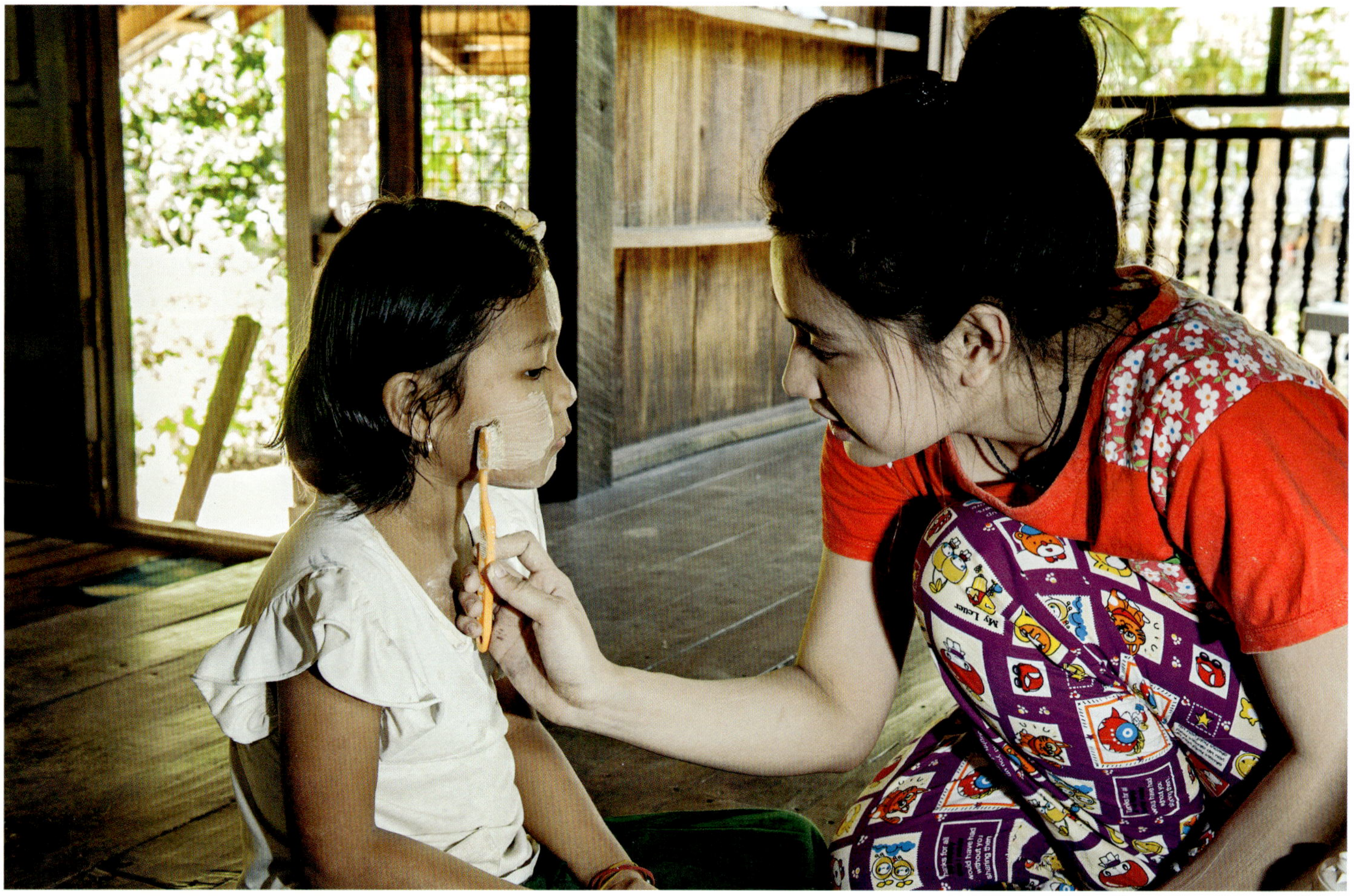

Thanaka wird von den Bewohnerinnen des heutigen Myanmar seit über 2000 Jahren als Kosmetikum verwendet. Üblicherweise wird die helle, duftende Paste auf das Gesicht, manchmal auch die Arme und Beine appliziert – mehrheitlich bei Mädchen und Frauen, durchaus aber auch bei Burschen und Männern.

Rechts:
Der Wohlgeruch von Thanaka ist seit alters ein populäres Motiv in der burmesischen Literatur. Frauen lieben den leichten, erfrischenden Duft, und ihre Männer lieben es, ihn an den Wangen ihrer Geliebten zu erschnuppern – eine in Myanmar gängige, sublime Form des Kusses.

Ganz rechts:
Beliebte Dekors sind kreisrunde oder blattförmige Flächen auf den Wangen, aber auch Streifen, speziell auf dem Nasenrücken.

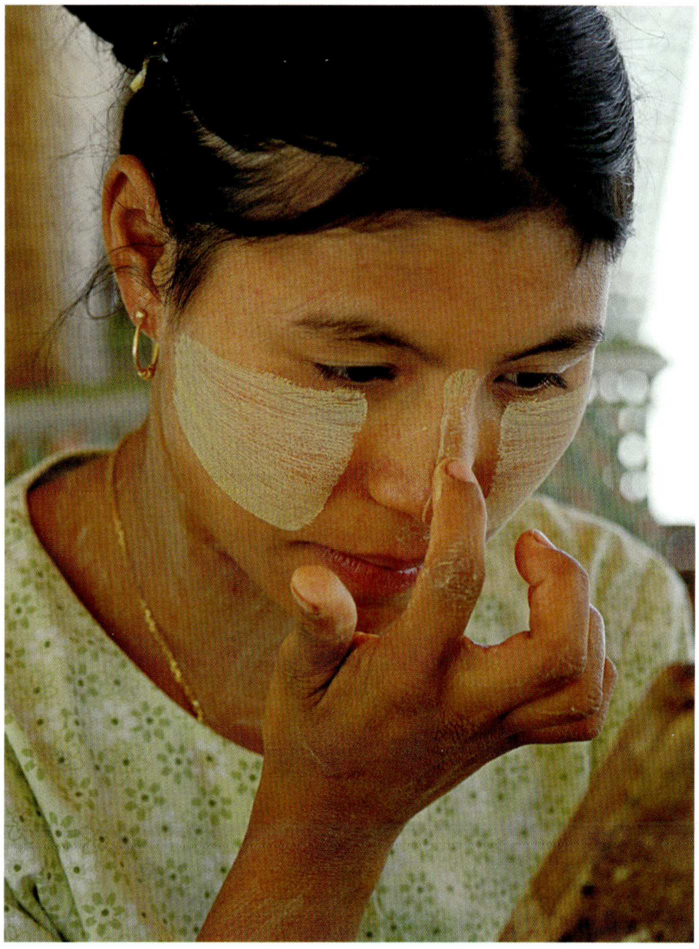

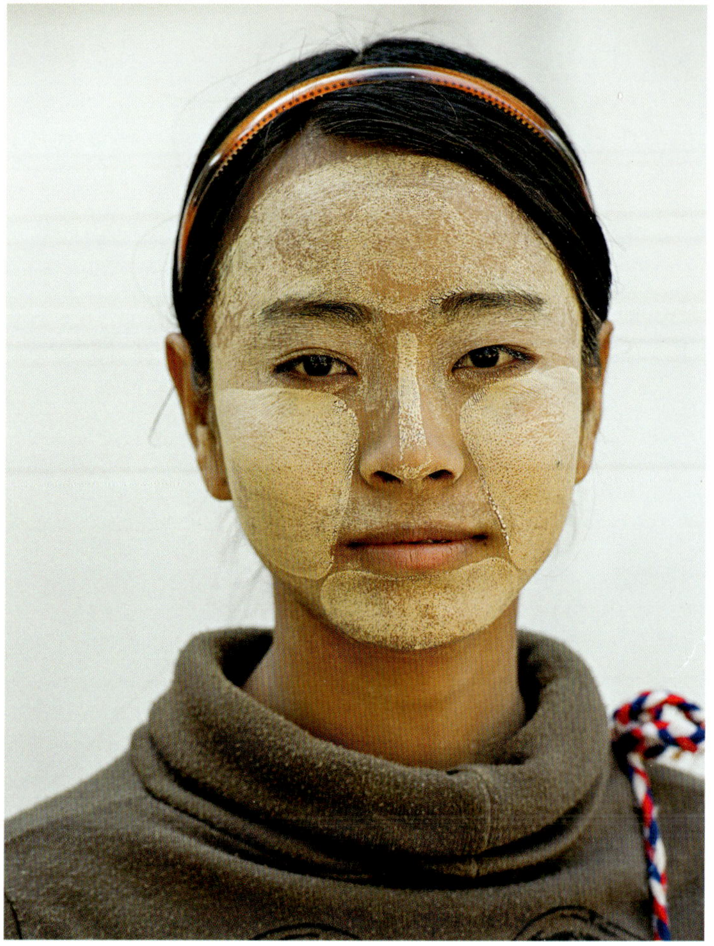

Eine Verkäuferin am Straßenmarkt von Bago berät eine Kundin, die das von ihrem Gegenüber feilgebotene Thanaka ausprobiert. Die feine Paste wird auch in der traditionellen Medizin verwendet. Gegen Bauchschmerzen nimmt man sie pulverisiert gemeinsam mit Zucker und Honig ein, gegen Halsschmerzen und Husten mit dem Saft ausgepresster Betelblätter.

Das gelblich-weiße, wie Sandelholz duftende Thanaka wird gewonnen, indem man Holz, Rinde oder Wurzeln bestimmter Bäume auf einer mit Wasser befeuchteten Steinplatte zerreibt. Im Bild links zersägt eine Verkäuferin den Ast eines Thanaka-Baumes, dem Rohmaterial für die in der Hitze Südostasiens unentbehrliche Paste.

Bago und der Südosten – goldener Felsen, goldenes Land

Zu den noch vergleichsweise wenig bekannten Attraktionen des Landes zählt die im selten besuchten Südosten gelegene Stadt Hpa-an. Ihre Silhouette wird dominiert von der Pagode Shwe Yin Myaw und dem Kloster Ye Kyaung. Im Hintergrund, am gegenüberliegenden Ufer des Flusses Thanlwin, erhebt sich der Karstberg Hpan Pu.

Bago und der Südosten – Goldener Felsen, goldenes Land

Die Fahrt von Yangon in den Südosten des Landes führt in eine weitere geschichtsträchtige Kernzone der burmesischen Vergangenheit. Lange bevor im 8./9. Jahrhundert aus Tibet die Bamar im heutigen Myanmar eingewandert waren, war hier das sagenumwobene „Goldene Land" Suvannabhumi erblüht. Historiker haben es als Reich der Mon identifiziert, jenes auch Talaing genannten Volkes, das den Burmanen den Buddhismus und die aus südindischen Vorbildern entwickelte Schriftsprache Pali übermittelte und anfangs vor allem entlang der Unterläufe von Thanlwin und Sittang siedelte. Suvannabhumi erstreckte sich phasenweise vom Golf von Bengalen bis in das heutige Malaysia, ja sogar Kambodscha. Zu ihrer Hauptstadt erkoren die Mon in der Frühzeit Thaton. Doch schon im 9. Jahrhundert machten sie auch Bago, das damals noch direkt am Meer lag und bis zu der 1989 erfolgten Re-Nationalisierung Pegu hieß, zu einem wichtigen Hafen ihres Reiches. Die Legende will, dass dieser gut 80 Kilometer nordöstlich von Yangon gelegene Ort ursprünglich als Insel aus dem Meer ragte und so winzig war, dass ein Wildganspaar darauf nur Platz fand, indem sich das Weibchen auf den Rücken seines Partners setzte (das Bild der beiden nunmehr geheiligten Vögel ziert bis heute das städtische Emblem und auch zahlreiche Tempel). Verlässliche Chroniken hingegen berichten, im Jahr 825 hätte auch hier, wie in Yangon, ein Brüderpaar zu Ehren einer aus Indien mitgebrachten Haarreliquie einen Stupa errichtet. Und um diesen habe sich rasch ein bedeutsamer Ort entwickelt.

Bagos erste Blüte endete abrupt mit der Eroberung durch den Burmanen-König Anawrahta (1057). Seine eigentliche Glanzzeit erlebte es allerdings erst nach der Niederlage der Könige von Bagan gegen die Mongolen (1289). An die 300 Jahre lang fungierte Bago ab da als Hauptstadt der Hamsawaddy-Dynastie, die über ganz Süd-Myanmar herrschte. Als besonders glücklich ging die Ära einer Königin Shinsawbu und ihres Ziehsohnes Dhammazedi in die Annalen ein. Letzterer war es, der Ende des 15. Jahrhunderts Bago zum Zentrum des Theravada-Buddhismus machte und eine Vielzahl von Schreinen, Tempeln und Pagoden bauen ließ. Sein wohl eindrucksvollstes architektonisches Vermächtnis erhebt sich etwa fünf Kilometer vor der Stadt, an der Straße Richtung Yangon: die Kyaikpun-Pagode. Vier Buddha-Figuren, Gautama und seine drei Vorgänger, sitzen da Rücken an Rücken 30 Meter hoch, die Haut weiß getüncht, die schmalen Lippen rot, die Fingernägel mit funkelnden Spiegeln überzogen, und blicken, jeder in eine andere Himmelsrichtung, ihren Nachfolger erwartend übers Land.

Die Pagode Nwa La Bo liegt rund 600 Meter über dem Meer und 20 Kilometer nördlich von Mawlamyaing nahe der Ortschaft Kyone Ka. Das aus drei vergoldeten Felsblöcken bestehende Heiligtum wurde 911, fünf Jahre früher als der ungleich berühmtere „Goldene Felsen" von Kyaiktiyo, von einem Eremiten namens Taik Tha errichtet. Historiker behaupten, im mittleren Felsen befinde sich ein Haar des Buddha. Bei guter Sicht reicht der Blick von hier bis zum Golf von Mottama.

Insgesamt wirkt Bago auf den ersten Blick wie eine typische Provinzstadt, wenig aufregend. Doch ein kurzer Rundgang macht klar, dass man hier auf besonderem Boden wandelt. Eine ganze Reihe kostbarer Gebäude hat hier den Zeitläuften mit all ihren Eroberungen, Plünderungen und Naturkatastrophen erfolgreich getrotzt oder wurde nach Zerstörungen wieder aufgebaut. Am berühmtesten ist die im 9. Jahrhundert über den erwähnten heiligen Haaren des Buddha errichtete Shwemawdaw-Pagode. Mit 114 Metern überragt dieses Wahrzeichen der Stadt sogar seine „Zwillingsschwester", die Shwedagon in Yangon, und bildet so nicht nur einen der ältesten, sondern zugleich den höchsten Sakralbau des Landes. Auch die Spitze ihres Stupas, der 1930 bei einem Erdbeben in Trümmer fiel und danach rekonstruiert wurde, ist mit Diamanten besetzt. Auf der Tempelterrasse, die man ebenfalls über vier von je einem Paar löwenhafter Fabelwesen (chinthes) bewachte Aufgänge erreicht, tummeln sich tagaus, tagein Mönche, Pilger und Touristen. Nur wenig östlich erhebt sich auf jenem Hügel, auf dem sich der Sage nach einst die beiden Vögel niederließen, die Hinthagone-Pagode. Rund um sie wird zu Ehren der Schutz-Nat der Stadt, einer weiblichen, schwarz gekleideten Gestalt namens Bago Maedaw mit dem Schädel eines Wasserbüffels, ohne Unterlass musiziert und getanzt.

Einen zentralen Ort für die Glaubensgeschichte stellt westlich des Bago-Flusses, im Stadtzentrum, die Maha Kalyani Sima dar. Nach dem Untergang des ersten myanmarischen Reiches hatte König Dhammazedi 22 Mönche nach Ceylon entsandt. Dort, im Mahavirakloster am Ufer des Kalyani-Flusses, das damals als einzig verbliebenes Zentrum des orthodoxen Buddhismus galt, sollten sie die Weihe erhalten. Nach ihrer Rückkehr, 1476, ließ er diese Ordinationshalle bauen, in der damals die bis heute in ungebrochener Linie gültige Ordinationskette der burmesischen Mönchsorden ihren Ausgang nahm.

Eine weitere Sehenswürdigkeit allerersten Ranges bildet der liegende Buddha von Shwethalyaung. Die 55 Meter lange und 16 Meter hohe Figur, die den Erleuchteten im Moment des Übergangs ins Nirwana zeigt, stammt aus dem Jahr 994. Nach der Zerstörung Bagos (1757) geriet sie in Vergessenheit. Nur durch Zufall wurde sie gut 100 Jahre später, zu einem großen Ziegelberg verkommen und von Vegetation überwuchert, wiederentdeckt und eilends rekonstruiert. Seither kann nicht einmal die hässliche Wellblechhalle, die den auf einem Kissen ruhenden Buddha vor tropischen Regengüssen schützt, der Schönheit der überirdisch lächelnden, in einen blattgolden gleißenden Umhang gehüllten Gestalt das Geringste anhaben.

Die Pilgerstätte von Kyaiktiyo

Zu den heiligsten buddhistischen Stätten Burmas zählt neben der Shwedagon und der Mahamuni-Statue in Mandalay der Goldene Felsen von Kyaiktiyo. Im Durchschnitt täglich zehn- bis fünfzehntausend, an Spitzentagen drei- bis viermal so viele Pilger erweisen dem vergoldeten Findlingsblock, der mitsamt seinem knapp sechs Meter hohen Stupa in wundersamer Balance über dem Abgrund zu schweben scheint, die Reverenz. Ausgangspunkt für die Wallfahrt ist das auf hal-

Die Höhle Kawt Gon, drei Kilometer von Hpa-an entfernt, ist knapp hundert Meter lang und an Wänden und Decken mit Gedenktafeln und Abertausenden tönernen Buddha-Figürchen bedeckt.

Per Boot bringen die Bauern aus den Dörfern am gegenüberliegenden Ufer des Thanlwin-Flusses ihre Produkte frisch von den Feldern auf den Markt von Hpa-an, der Hauptstadt des Kayin-Staates. Ein wichtiges Agrarprodukt der Region sind Erdnüsse, aus denen diese Burmesin noch das eine oder andere schlechte Exemplar herausklaubt.

bem Weg zwischen Bago und Thaton gelegene Städtchen Kyaikto, genauer: die etwa zehn Kilometer entfernte Siedlung Kinpun. Von diesem Basislager pflegten die Gläubigen früher auf beschwerlichem Pfad in vier bis sechs Stunden über dschungelbedeckte Bergrücken tausend Höhenmeter hoch auf den heiligen Gipfel zu marschieren. Heute erleichtert eine Armada von Kleinlastern das Geschäft der Seelenreinigung. Bis zu 50 Passagiere lassen sich pro Fuhre, auf den Holzbänken ihrer Pritschen zusammengepfercht, in einer Dreiviertelstunde über enge Serpentinen himmelwärts karren. Bloß ein paar Minuten hat man am Ende, wenn man sich nicht in einer Bambussänfte tragen lässt, immer noch zu Fuß auf steilem, betonierten Pfad hochzusteigen. Unten, in Kinpun, buhlen reihenweise Unterkünfte, Restaurants und Souvenirstände um Kundschaft. Doch oben, am Ziel, sind Kommerz und Mühen rasch vergessen. Statt der Schwüle der Ebene herrscht ein angenehm frisches Lüftchen. Der Blick schweift über die dschungelbedeckte Landschaft bei klarem Wetter bis nach Thailand und zum Golf von Mottama. Das große Erlebnis ist aber die tiefe Verehrung, die die Burmesen dem „Golden Rock" erweisen. Kaum einer, der den Monolith, den angeblich im 11. Jahrhundert der Alchemistenkönig Tissa in einem magischen Boot vom Meeresgrund hier herauf transportierte und seither ein einziges Haar des Buddha für alle Ewigkeit im Gleichgewicht hält, nicht mit Blattgoldplättchen beklebt, Kerzen und Räucherstäbchen entzündet und sich irgendwann, möglichst abseits des Trubels, in Gebet und Meditation vertieft.

Von Hpa-an nach Mawlamyaing

Erst seit Mitte der Neunzigerjahre für Touristen frei zugänglich und immer noch vergleichsweise wenig besucht ist bislang Hpa-an, die Hauptstadt des Staates der Karen (Kayin). Ihr Baubestand ist von mäßigem Interesse. Umso spektakulärer ist die Landschaft um sie herum: Aus sattgrünen Reisfeldern ragen einzelne, des Öfteren von Klöstern und Pagoden bekrönte Felsnadeln. Bizarrstes Beispiel: das 10 Kilometer südwestlich inmitten eines Sees auf einer Kalkspitze thronende und nur über einen langen Steg erreichbare Heiligtum von Kyauk Ka Lat. Ganz in der Nähe lädt das Höhlenkloster von Kawt Gon zur Erkundung: Im Schatten riesiger Regenbäume führt der Weg in eine große Felsenhalle. Besonders faszinierend sind hier die über zehntausend tönernen Buddha-Reliefs an Decken und Wänden. Eine spezielle Empfehlung verdient auch der Berg Zwegabin: Zu seinen Füßen gemahnen mehr als tausend überlebensgroße Buddha-Statuen an die ewige Gültigkeit von Dharma, der Lehre über die das Dasein bestimmenden Kräfte. Der etwa zweistündige Aufstieg zum 1000 Meter hohen Gipfel ist mühsam, verheißt jedoch einen herrlichen Panoramablick. Als ein unvergessliches Erlebnis gräbt sich die Fahrt mit dem privaten Passagierboot von Hpa-An den Thanlwin-Fluss abwärts bis zu dessen Mündung bei Mawlamyaing ins Gedächtnis.

Die Region Tanintharyi (Tenasserim), der lange Küstenstreifen entlang der thailändischen Grenze, gilt unter Kennern als eines der schönsten Gestade Südostasiens. Malerisch-quirlige Hafenorte, endlose Sandstrände und unzählige Inseln vor dem Hintergrund dicht bewaldeter Berge bilden eine Kulisse von enormem touristischem Potential. Doch noch macht die mangelhafte Infrastruktur die eingehende Erkundung auf dem Landweg zu einem mühevollen Unterfangen. Problemlos hingegen kann man inzwischen von Yangon aus die Hafenstädte Dawei, Myeik und auch den allersüdlichsten, Kawtaung, per Flugzeug erreichen. Auch verkehrt zwischen diesen Orten täglich ein Express-Küstenschiff. Wer sich dennoch von Mawlamyaing, dem alten Moulmein, aus über Land nach Süden auf den Weg macht, passiert – kurz vor dem Städtchen Mudon – eine kuriose Attraktion: Zinathukha Yan Aung Chanta, den mit 180 Metern längsten liegenden Buddha der Welt. Mit dem Bau der kolossalen Figur wurde 1991 begonnen. Vor wenigen Jahren vollendet, birgt sie in ihrem Inneren ein zwölfstöckiges Kloster mit 180 Zimmern. In Thanbyuzayat erinnern ein Friedhof für mehrere tausend angelsächsische Kriegsgefangene und ein – allerdings recht verwahrlostes – Museum an den 1942 von den japanischen Besatzern erzwungenen Bau der Burma-Siam-Railway, die hier endete. Der Schienenstrang, der wegen der unzähligen Opfer auch „Todes-Eisenbahn" genannt und später durch den Film namens River Kwai, über den er weiter östlich führte, weltberühmt wurde, war nur 20 Monate in Betrieb. 1945 zerstörten ihn alliierte Bomben. Von hier führt ein Ausflug an den hübschen Strand von Setse und weiter nach Kyaikkami, das zu britischen Zeiten unter dem Namen Amherst als Badeort und Missionszentrum keine kleine Bedeutung besaß.

Im tiefen Süden lohnen vor allem die erwähnten Häfen nähere Beachtung: zum einen die sehr stimmungsvolle, weil mit ihren modrigen Teakbauten gleichsam aus Kolonialzeiten konservierte, rund 100 000 Einwohner zählende Stadt Dawei; zum anderen Myeik, besser bekannt als Mergui, das einst der alten thailändischen Hauptstadt Ayutthaya als Hafen diente und im 16./17. Jahrhundert sogar regelmäßig von venezianischen Handelsschiffen angesteuert wurde. Der ihm vorgelagerte Archipel ist ein so gut wie unentdecktes Tauchparadies: Es umfasst an die 5000 Inseln mit weißen, feinsandigen, nur von Fischern und Perltauchern bevölkerten Stränden und – noch – vollkommen unberührten Korallenriffen.

Seite 78/79: Hauptsehenswürdigkeit von Bago, die bis heute die Stadtsilhouette prägt, ist die Shwemawdaw-Pagode. Die Chronik besagt, wie in der gut 80 Kilometer südwestlich gelegenen Siedlung Yangon habe auch hier im frühen 9. Jahrhundert ein Brüderpaar zu Ehren einer aus Indien mitgebrachten Haarreliquie einen Stupa errichtet. Und um diesen habe sich rasch ein bedeutsamer Ort entwickelt.

Wassermelonenverkäufer in der Thaton Tadar Street in Mawlamyaing. Die meeresnahen Gebiete Niederburmas liegen im Einzugsbereich des Monsuns. Die vom Indischen Ozean herbeigewehten Wolkenmassen regnen zwischen Mai und Oktober regelmäßig an der Küste ab. Das viele Nass ermöglicht im Verbund mit dem fruchtbaren Boden und der schwülwarmen Luft eine ganzjährig äußerst ertragreiche Landwirtschaft.

Links und linke Seite: Mönche und Novizen der Mahagyi-Pagode in Bago absolvieren ihren täglichen Almosengang. Indem sie mit geradem, gesenktem Blick gleichmütig die Essensgaben empfangen, bieten sie den Spendern die Gelegenheit, religiöse Verdienste zu erwerben, wofür diese ihnen – eine für Abendländer ungewohnte Denkungsart – dankbar sind. Es ist diese Art von immateriellen Austausch, auf dem die buddhistische Verdienst-Ökonomie basiert, und die sämtliche sozialen Beziehungen prägt.

Kha Khat Wain Kyaung zählt zu den drei größten Klöstern in ganz Myanmar. Die Verpflegung der mehr als tausend hier lebenden Mönche und Novizen wird ermöglicht durch die zahlreichen Gläubigen aus Thailand, die das Kloster besuchen und Reis und Geld spenden. Allein an dem Tag, an dem diese Aufnahme entstand, hinterließen, so erfuhr der Fotograf, Gästegruppen aus dem wohlhabenden, östlichen Nachbarland mehr als 500 000 Kyat, umgerechnet etwa 450 Euro.

Vier Kilometer südlich von Bago grüßt die aus vier dreißig Meter hohen Buddha-Statuen bestehende Kyaikpun-Pagode den Reisenden. Weiße Haut, rote Lippen und glitzernde Fingernägel: Die vier Figuren wurden um die Jahrtausendwende generalrestauriert.

Bago besitzt gleich zwei gigantische Liegefiguren des Buddha im Augenblick des Übergangs ins Nirwana. Jene unter dem Dach der Shwethalyaung-Pagode ist über eintausend Jahre alt, 16 Meter hoch, 55 Meter lang und eine der meistverehrten Statuen des Erlauchtesten in ganz Myanmar. Jene von Naung Daw Mya Tha Lyaung (hier im Bild) liegt unter freiem Himmel, ist ungleich jünger, dafür mit einer Länge von 90 Metern noch viel kolossaler.

Zwei mythische Löwen, sogenannte Chinthe, wachen über den Westaufgang zu der mitten im Stadtgebiet von Bago gelegenen Shwemawdaw-Pagode. Deren Stupa stammt in seiner gegenwärtigen Form zwar nur aus dem Jahr 1954, misst aber gewaltige 114 Meter und ist damit der höchste in ganz Myanmar.

Ein Novize kniet versunken in tiefer Verehrung für die Lehre Buddhas. Die Figuren, zu denen er betet, stehen im Wandelgang im Inneren des zentralen Stupas der Shwegugale-Pagode. Sie steht, vor über 500 Jahren auf Geheiß eines Königs namens Byinna Ran erbaut, ebenfalls im historischen Kern von Bago.

Seite 84/85:
Ein Novize kehrt jene kolossale Hand, die im Schoß eines der 30 Meter hohen Buddhas der Kyaikpun-Pagode ruht. Besen sind ein unverzichtbares Utensil im Alltag der Mönche. Dem behutsamen Fegen, also Reinigen geheiligter Orte mutet etwas Meditatives an.

Buddhismus – das Geheimnis der heiteren Wesen

Großes Bild: Das Kloster Shwe In Bin Kyaung in Mandalay wurde 1895 errichtet und besitzt wunderschöne Teakholz-Schnitzereien.

Der wohl prägendste Eindruck, den man von einer Reise durch Burma mit nach Hause nimmt, ist, neben dem der Kunstdenkmäler und landschaftlichen Schönheiten, die tiefe Spiritualität der Menschen. Safrangelb, Weinrot oder Kastanienbraun gewandete Mönche beim Studium heiliger Schriften, Nonnen beim Chanting liturgischer Sprechgesänge, lange Reihen kahlgeschorener Novizen beim morgendlichen Almosensammeln, die abendliche Kehrstunde auf der Terrasse der Shwedagon in Yangon … Ob in Pagoden oder Klöstern, vor Buddha-Statuen und

Mönche auf der Terrasse der Shwezigon-Pagode in Bagan. Im Innersten dieser als heiligster Kultbau Bagans gerühmten Anlage ruhen ein Schlüsselbein und der Stirnknochen Buddhas sowie eine Kopie der berühmten Zahnreliquie aus dem ceylonesischen Pilgerort Kandy. Zugleich gilt die Shwezigon als Heimat der 37 Nat-Geister, ist also ein Brennpunkt des Synkretismus von Buddhismus und Naturreligion.

Reliquienschreinen oder im Alltag auf Straßen und Plätzen – berührende Szenen angewandter Religiosität erlebt man allüberall auf Schritt und Tritt.

Myanmar, heißt es, sei das am intensivsten vom Buddhismus geprägte Land der Welt. An die 90 Prozent der rund 52 Millionen Burmesen, die sich gerne als das „Lieblingsvolk Buddhas" bezeichnen, folgen der Lehre des Erleuchteten. In deren Mittelpunkt steht die Vorstellung, die irdische Existenz sei an einen Kreislauf aus Begierde und Leid gebunden, wobei das eine jeweils das andere gebiere. Befreiung aus diesem ewigen Zyklus der Wiedergeburten, genannt Samsara, in dem Leben und Tod bloß zwei alternative Aspekte derselben Existenz darstellen und alles Lebende, auch Tiere und Pflanzen, eingeschlossen ist, erlange man über die Erkenntnis der Nichtigkeit aller Verlockungen, gefolgt von vollständiger Entsagung. Wer Weisheit, Moral und geistige Disziplin praktiziere, dürfe hoffen, dem Kreislauf des Leidens zu entrinnen und ins Nirwana, einen gelösten Zustand „jenseits von Sein und Nicht-Sein", einzugehen. Wobei es weder Hölle oder Paradies noch einen allmächtigen Schöpfer gibt, vor dem sich der Mensch zu verantworten hat. Vielmehr sei jeder auf dem Pfad der Erlösung für sich allein verantwortlich und ernte die Früchte seines bisherigen Verhaltens.

Vier Edle Wahrheiten

In Myanmar folgt man, wie im gesamten südostasiatischen Raum von Kambodscha bis Sri Lanka, der Theravada-Schule des Buddhismus, auch Hinayana (Kleines Fahrzeug) oder, in der heiligen Sprache Pali, „Lehre der Älteren" genannt. Ihrer Doktrin gemäß vermögen ausschließlich Mönche das Nirwana zu erreichen. Zwar gibt es in Myanmar – ein Sonderfall innerhalb der konservativen Theravada-Schule (die übrigens schon um die Zeitenwende über den Seeweg aus Ostindien ins Land gekommen ist) – auch Nonnen. Doch sind sie, so der burmesische Volksglauben, allein schon durch ihre Gebärfähigkeit zu sehr im Weltlichen verhaftet, um jemals die höchste Erleuchtung erlangen zu können. Nur Männer und Frauen, die dauerhaft im Kloster leben, praktizieren konsequent die Theravada-Philosophie, die da besagt, Wohlstand und gute Nahrung, ja sogar elterliche Liebe, Fortpflanzung oder Schlaf seien nichts als Trugbilder und hinderlich auf dem Weg zur ultimativen Erkenntnis. Unterwegs auf diesem äußerst schwierig zu gehenden „Edlen Achtfachen Pfad" stehen ihnen eine Reihe von Hilfsmitteln zur Verfügung: diverse Techniken der Meditation zum Beispiel, Pagoden mit Bildnissen des Buddha und ein umfangreiches Regelwerk, den bereits in vorchristlichen Jahrhunderten im Tripitaka-Kanon, den „drei Körben", aufgezeichneten Palischriften. Die drei Körbe bestehen aus den *Sutras* (den Lehrreden), den *Vinayas* (Mönchsregeln) und den *Abhidhamma* (der Interpretation der Lehren Buddhas). Ihnen zugrunde liegt die heilige Wahrheit von den „Vier Edlen Wahrheiten" und den acht Schritten zur Auflösung jeglichen Begehrens, als da sind: rechte Erkenntnis, rechte Gesinnung, rechtes Reden, rechtes Handeln, rechtes Leben, rechtes Streben, rechte Achtsamkeit und rechtes Sichversenken.

Links:
Ein strahlendes Lächeln, das auf tiefer Gläubigkeit gründet: Angehörige der im nördlichen Shan-Staat beheimateten Palaung-Ethnie auf Besuch in der Phaung-Daw-U-Pagode, dem Hauptheiligtum am Inle-See.

Freilich sind die Burmesen lebenserfahren genug, dass sie das unaufhörliche Streben nach Erfüllung solch höchster Ansprüche den Mönchen überlassen. Die große Mehrheit des Volkes verschiebt das große Ziel des völligen Erlöschens auf später. Zwar war und ist man als profane Gesellschaft mit dem Klosterleben stets eng verflochten. Schon vor dem zwölften Lebensjahr werden Kinder für mehrere Wochen den Mönchen zur Obhut übergeben. Und im Laufe des Lebens verbringt man als guter Buddhist tunlichst dreimal einige Zeit im Kyaung, einem Kloster, wie es fast jedes myanmarische Dorf unterhält. Doch im Alltag begnügt man sich damit, im jetzigen Leben, etwa durch Gebete, Almosen- oder Opfergaben, kleine „Verdienste" zu erwerben, um im nächsten, wenn möglich, in einer glücklicheren Existenz wiedergeboren zu werden.

Fünf moralische Regeln

Im Alltag gelten fünf moralische Regeln, die das Töten, Stehlen und Lügen, den Ehebruch und Gebrauch von Drogen verbieten. Zusätzlich behelfen sich die frommen Burmesen mit Relikten uralter, animistischer Glaubensvorstellungen: Geht es um profane Bedürfnisse und Probleme, auf die der Buddhismus keine Antwort gibt (und gar nicht geben will), wenden sie sich vertrauensvoll an die Nats. Bei ihnen handelt es sich teils um Natur-, teils um Totengötter, die gut und böse sein können, also Bäume, Häuser, ganze Dörfer zu schützen, bei Prüfungen oder beruflichen Unternehmungen zu helfen vermögen, aber bisweilen auch Krankheiten und andere Katastrophen über die Menschen bringen. Weshalb man sie durch spezielle Zeremonien regelmäßig bei Laune zu halten und in Notfällen auch schleunigst wieder zu besänftigen hat.

U Pyin Nya Paw, seines Zeichens Abt der Akauk-Taung-Pagode nahe Pyay, posiert sichtlich zufrieden in seinem Wohnraum für den Fotografen. Die Entscheidung, das gesamte Leben als Mönch oder Nonne in einem Kloster zuzubringen, wird während der Pubertät getroffen. Für die Familie ist sie Anlass zur Freude und einem großen Fest.

Linke Seite:
114 Meter hoch erhebt sich das glorreiche Wahrzeichen Bagos über die Stadt: der goldene Stupa der Shwemawdaw-Pagode. Ihr Kern geht auf die Zeit der Stadtgründung durch die Mon, das frühe 9. Jahrhundert, zurück. Im zugehörigen Museum sind etliche historische Buddha-Statuen aus Stein und Bronze ausgestellt.

Bilder links:
Bago blickt auf eine glorreiche Vergangenheit als größter Seehafen des Landes und Hauptstadt der Mon-Könige zurück. Auch die berühmteste Pagode der Stadt, die Shwemawdaw, auf deren Plattform hier zwei Nonnen wandeln beziehungsweise zwei Laiengläubige beten und Kerzen spenden, ist in ihrem Kern mehr als 1100 Jahre alt.

Diese Frau bietet auf dem kleinen Straßenmarkt nahe dem Bahnhof von Bago Thanaka-Stämme feil. Aus der Rinde des Indischen Holzapfelbaumes (Limonia acidissma) wird, indem man sie auf einem speziellen Stein (Kyauk Pyin) fein reibt und hernach mit Wasser vermengt, jene hellgelbe Gesichtspaste gewonnen, die Burmesinnen so gerne als Sonnenschutz und Make-up auf ihrer Haut tragen.

Der Anfang jeden Jahres ist in Myanmar die Hauptsaison für Wassermelonen. Dann werden die durstlöschenden Früchte überall im Land, auf sämtlichen Märkten oder, praktischer noch, gleich am Rand der Felder, wo sie wachsen, zuhauf verkauft.

Myanmars Märkte – hier entlang einer Straße in Bago unweit des Bahnhofs – bieten nicht nur vielfältige Genüsse für Augen, Nase und Geschmackssinn. Sie liefern auch ein zum Nachdenken anregendes Beispiel für umweltschonendes Wirtschaften: Viele Marktfrauen packen ihre Ware nämlich in verrottbare Bananenblätter und verschnüren sie mit Bastschnüren.

Zu den unverzichtbaren Lebensfreuden vieler Burmesen, und zwar Männern wie Frauen, zählt der Genuss einer Cheroot. Die dicken Zigarren bestehen aus einem Cheroot-Blatt, in das eine Füllung aus fein gebrochenen Blättern, Holzhäcksel des Cheroot-Baumes und verschiedene Zusätze wie Tamarinde und getrocknete Bananen gewickelt wird. In Fabriken wie dieser in Bago füllen und rollen schmale, flinke Hände das Räucherwerk im Akkord.

LUBREX
CANTER

ENEOS
FALCON

Seite 92/93:
Seit dem Ende der politischen und wirtschaftlichen Isolation 2010 hat der Verkehr in Myanmar enorm zugenommen. Im Bild: die Hauptstraße durch Bago, die gleichzeitig einen Abschnitt des Yangon-Mandalay-Highways, der einzigen Autobahn im Land, bildet.

Seit einigen Jahren nehmen immer mehr Einheimische die lange und ziemlich beschwerliche Anreise auf sich, um dem „Goldenen Felsen" von Kyaiktiyo die Reverenz zu erweisen. Hier eine Gruppe der Kayin (Karen). Die jungen Frauen haben bewusst ihre traditionelle Kleidung angelegt.

Auf kleinen LKWs erklimmen die Pilger über eine kurvenreiche Straße den Berg nahe dem „Goldenen Felsen". Die letzten paar hundert Meter können sich ältere, gebrechliche Menschen mit einer Bambustrage in die Höhe befördern lassen.

Der Monolith von Kyaiktiyo wird von einem fünfeinhalb Meter hohen Stupa bekrönt. Er erweckt den Eindruck, als würde er jeden Moment in die Tiefe stürzen. Die Legende besagt, ein in der Pagode befindliches Haar des Buddha halte ihn für alle Ewigkeit in Balance.

Gläubige bringen an dem verehrten Ort frühmorgens ihre Opfergaben, vornehmlich Naturalien wie Früchte, Süßigkeiten, Getränke, dar. Selbst für Ungläubige ungemein faszinierend ist neben der haarsträubenden Lage des „Goldenen Felsens“ die intensive Anbetung, die ihm von Seiten der einheimischen Pilger zuteil wird.

Seite 96/97:
Der legendäre Kyaiktiyo-Fels zählt neben der Shwedagon-Pagode in Yangon und der Mahamuni-Statue von Mandalay zu den höchstverehrten Stätten Myanmars.

Der von einem zierlichen Zedi bekrönte „Goldene Felsen“ von Kyaiktiyo ist komplett vergoldet. Seine Lage über dem Abgrund ist so prekär, dass man ihn mit einer Hand zum Wackeln bringt. Zu Stäbchen gerollte Geldscheine sollen, so die Symbolik der Opfergaben, den Felsen „stützen“.

Der „Golden Rock“ wurde angeblich im 11. Jahrhundert vom Alchemistenkönig Tissa in einem magischen Boot vom Meeresgrund auf das 1100 Meter hohe Felsplateau befördert. So gut wie jeder Pilger erachtet es als heilige Pflicht, ein Plättchen Blattgold auf die Felsoberfläche zu applizieren.

Rechte Seite: Abends entzünden Männer und Frauen auf der Plattform Kerzen und beten. Der Ansturm einheimischer Pilger aus nah und fern nimmt von Jahr zu Jahr stark zu.

Linke Seite:
Westlich von Hpa-an, unweit des Dorfes Sandangu, ragt ein mächtiger Fels aus dem flachen Land. An seinem Fuß, am Ufer eines kleinen Stausees liegt das Kloster Bayin Nyi. Ihm angeschlossen sind Thermalquellen, deren Wasser die Einheimischen hohe Heilkräfte zusprechen.

Seite 100/101:
Abendstimmung am Thanlwin-Fluss mit dem Kalkgipfel des Hpan Pu im Hintergrund. Über weite Strecken erinnert die Landschaft rund um die Stadt Hpa-an an die bizarren Karstberge, wie man sie aus Thailand kennt. Kein Wunder – die Grenze zu dem touristisch in den Köpfen westlicher Reisender ungleich präsenteren östlichen Nachbarstaat ist von hier Luftlinie gerade hundert Kilometer entfernt.

Oben:
Oberhalb des Klosters Bayin Nyi liegt der Eingang in die Höhle gleichen Namens. In ihr stößt man auf zahlreiche Buddha-Statuen, die ein anwesender Mönch gegen einen kleinen Obolus mittels Stromgenerator illuminiert. In der Regenzeit ist der gesamte Kloster-Fels-Komplex, zu dem man das restliche Jahr über auf festem Pfad gelangt, oft nur per Ruderboot erreichbar.

Seite 104/105:
Beeindruckend an der etwa 35 Kilometer von Hpa-an entfernten Saddar-Höhle sind sowohl ihre Lage als auch Größe. Die Zufahrt über ein schmales Sträßchen führt entlang sattgrüner Reisfelder und Berghänge. Im Berginneren öffnet sich eine regelrechte Felskathedrale, der reicher religiöser Dekor eine weihevolle Atmosphäre verleiht.

Links:
Neben bizarren Tropfsteinformationen beherbergt die Saddar-Höhle eine Fülle an figuralen Darstellungen des Buddha. In kleiner Version finden sich viele, aus Ton als Halbreliefs gefertigt, an die Wände geklebt.

Seite 108/109:
Am Ausgang der Saddar-Höhle stößt man auf einen kleinen, schilfgrünen See. Auf ihm gleiten Besucher in Holzbooten zunächst unter einer weiteren Höhle hindurch und dann hinaus ins Freie auf einen schmalen Kanal. Ihn entlang führt der „Kapitän“ mit übermannshohen Stangen staksend seine staunenden Passagiere zwischen Reisfeldern und Karstfelsen zurück zum Höhleneingang.

Links und linke Seite:
Die wundersame Szenerie aus Stalagmiten und Stalaktiten ist gespickt mit golden gleißendem, religiösem Inventar. Manche Buddha-Statuen hat man direkt unter der Höhlendecke auf Felsvorsprüngen platziert. Mehrere Andachtsstellen laden beim Gang durch das unterirdische Labyrinth der Saddar-Höhle zur Einkehr. Vor einem liegenden Buddha riesigen Ausmaßes legen die Gläubigen zuhauf Spenden in Form von Blumen, Kerzen und Räucherstäbchen nieder.

Als ähnlich gewaltig wie die Saddar-Höhle erweist sich die am jenseitigen Ufer des Thanlwin- alias Salween-Fluss gelegene Höhle Yathay Pyan. Auch in dieser von der Natur geschaffenen „Kathedrale“ harren unzählige Buddha-Statuen, Wandreliefs und Stupas der Besichtigung beziehungsweise Anbetung.

Das Innere der Yathay-Pyan-Höhle ist ausreichend ausgeleuchtet. Auch dringt in der Nähe des Eingangs durch eine Öffnung in der felsigen Decke Sonnenlicht herein. Trotzdem empfiehlt sich, um die gewaltigen Ausmaße zu erfassen und vielleicht auch kleine Abstecher in finstere Ecken unternehmen zu können, die Mitnahme einer leuchtstarken Taschenlampe. Tabu sollte es freilich sein, die allüberall an Felsvorsprüngen und -simsen baumelnden Fledermäuse anzustrahlen und so im Schlaf zu stören.

Von der mit Statuen bestandenen Terrasse am Ausgang der Yathay-Pyan-Höhle schweift der Blick weithin über die immergrüne, am Horizont von der schroffen Silhouette der Karstberge begrenzte Flussebene.

Zu Füßen der steilen Karstwand, in die man kunstvoll terrassiert den Zugang zur Höhle eingebaut hat, erstreckt sich ein grünfarbiger See. Eine Brücke ermöglicht, das Heiligtum trockenen Fußes zu erreichen.

Im Lumbini-Park am Fuße des Berges Zwegabin bei Hpa-an stehen über 1100 Buddha-Statuen. Fast neun Zehntel der Bewohner Myanmars bekennen sich zum Buddhismus, und zwar zu jener Theravada oder „Lehre der Älteren" genannten Richtung, die vornehmlich in Südasien beheimatet ist und ihren Anhängern, verkürzt gesagt, einen individuellen Weg zur Erleuchtung zeigen will.

Die Thit-Hata-Man-Aung-Pagode in Hpa-an. Die überwiegende Mehrheit der rund 55 Millionen Einwohner Burmas, deren Zahl übrigens vor einer Generation noch gerade die Hälfte betrug und weiterhin jährlich um über zwei Prozent steigt, sind Buddhisten. Gut fünf Prozent sind Christen, knapp vier Muslime, eine kleine Minderheit bilden Hindus und Anhänger animistischer Stammesreligionen.

Von der Shwe-Yin-Myaw-Pagode genießt man einen wunderschönen Blick auf den Thanlwin und den Karstfels Hpan Pu. Der Salween alias Saluen, so die beiden auf Deutsch gebräuchlichsten Schreibweisen für den Namen dieses längsten Flusses Myanmars, entspringt im Hochland von Tibet und mündet rund 2820 Kilometer weiter südlich bei der Hafenstadt Mawlamyaing in die Andamanen-See.

Seite 114/115: Etwa zehn Kilometer südwestlich von Hpa-an erhebt sich vor dem Hintergrund des mächtigen Bergmassivs Zwegabin das Heiligtum von Kyauk Ka Lat. Der Kalkfels ist bis auf halbe Höhe über Treppen besteigbar. Wie auf dem schmalen Gipfelplateau die vielen Bäume ohne Wasserzufluss gedeihen können, scheint ein Rätsel.

Die Assoziation mit dem „James-Bond-Felsen" in der thailändischen Bucht von Phang Nga liegt nahe: Freilich befindet sich auf dieser spitzen Felsnadel, die etwa zehn Kilometer südwestlich von Hpa-an inmitten eines kleinen Sees auf einer Insel emporragt und Kyauk Ka Lat heißt, anders als auf jenem, eine goldene Pagode. Kein Wunder, dass Pilger und Touristen in Scharen herbeiströmen und das Naturphänomen fotografieren.

Seite 116/117: Abendstimmung am Thanlwin-Fluss. Myanmars mit dreieinhalb Kilometern längste Straßen- und Eisenbahnbrücke verbindet Mawlamyaing mit der Kleinstadt Mottama.

Junge Burmesinnen füttern an der Strand Road Möwen. Mawlamyaing ist mit rund 350 000 Einwohnern die drittgrößte Stadt Myanmars. Am Ostufer der Mündung des Flusses Thanlwin in die Andamanen-See gelegen, ist sie durch regen Fährverkehr mit der Schwesterstadt Mottama vis-à-vis verbunden.

Der 2012 eröffnete Harbour Night Bazar am Thanlwin-Ufer ist vor allem abends ein kulinarischer Anziehungspunkt. Zahlreiche Grillstände sowie mehrere Restaurants bieten leckere Gerichte und als Sundowner gekühltes Bier an.

Großes Bild: Die Abendsonne blinzelt durch die dichte Vegetation. Die ländliche Atmosphäre an dieser unasphaltierten Nebenstraße im Zentrum Mawlamyaings sollte nicht vergessen lassen, dass die Hauptstadt des Mon-Staates früher, unter dem Namen Moulmein, einen wichtigen Hafen darstellte.

Prunkstück der Pagoden, die Mawlamyaing an seinem grünen Rand überragen, ist die Anlage von Kyaik Than Lan. In ihrem goldenen Stupa spiegelt sich, könnte man meinen, die große Geschichte der Stadt wider. Immerhin war sie schon im frühen ersten Jahrtausend ein bedeutendes Zentrum der Mon, ehe König Anawrahta sie eroberte und seinem Reich von Bagan einverleibte.

Auf einem Hügelrücken in Mawlamyaing finden sich fünf Klöster und Pagoden aufgereiht. In vielen Gebäuden kann man, wie etwa in der hier abgebildeten Anlage Seindon Mibaya, noch schöne Holzschnitzereien aus dem 19. Jahrhundert bewundern.

Einer der ersten Wege sollte jeden Neuankömmling in Mawlamyaing auf die Kyaik-Than-Lan-Pagode hinaufführen – vor allem auch des Panoramablicks wegen, der sich besonders herrlich in jener Stunde darbietet, da am Horizont über dem Thanlwin-Fluss die Sonne untergeht.

Manch Klosteranlage ist in jüngsten Jahren durch modernistische Zubauten ergänzt, man könnte versucht sein zu sagen, verunziert worden. Krasses Beispiel: die Pagode Kyaik Than Lan mit ihrem neuen, von monströsen Metallstützen flankierten Aufzug. Dennoch erschließt sich gerade beim Spaziergang von Kloster zu Kloster der malerische, tropische Charme Mawlamyaings besonders gut.

Die Kaladan-Moschee an der Lower Main Road. Die Bausubstanz von Mawlamyaing ist ein eindrückliches Indiz für die – in der Regel – friedliche Koexistenz, in der hier Angehörige verschiedener Religionsgemeinschaften lebten und leben. Der aufmerksame Flaneur stößt in der Stadt neben Pagoden auch auf Kirchen, Hindu-Tempel sowie mehrere Moscheen.

Die Multireligiosität der Bevölkerung Mawlamyaings zeigt sich nicht nur in der Vielfalt der örtlichen Sakralarchitektur, sondern auch in dem überaus bunten Brauchtum. Hier feiert die tamilische Volksgruppe ein Tempelfest.

Unter dem Namen Moulmein fungierte Mawlamyaing in den Jahren 1827 bis 1852 als Verwaltungszentrum von Britisch-Burma und als ein florierender Exporthafen für Teakholz und Reis. Noch heute eignet ihr das Flair postkolonialen Verfalls. Dieser Hindu-Tempel freilich, er steht in der Baho Road, zeigt sich – zumindest im Untergeschoss – frisch renoviert.

Ein Verkaufsstand für Lebensmittel auf dem Wet Market an der Thaton Tadar Road. Ein immer noch sehr beträchtlicher Teil der Bewohner Burmas muss ein Dasein unter der Armutsgrenze fristen. Doch dauerhaft Hunger muss kaum jemand leiden. Dafür sorgen die extreme Fruchtbarkeit des Bodens im Verbund mit dem rund ums Jahr tropisch-feuchten Klima.

Großes Bild: Rund 30 Kilometer südlich von Mawlamyaing, nahe dem Städtchen Mudon, entstand in einem Wald namens Win Sein Taw Ya vor kurzen Jahren aufgrund der Vision eines altehrwürdigen Mönches eine neue, überaus spektakuläre Sehenswürdigkeit: Zinathuka Yan Aung Chantha, die größte liegende Buddha-Statue der Welt. Sie ist 180 Meter lang, fast 34 Meter hoch und birgt in ihrem Inneren ein achtstöckiges Kloster mit über 180 Zimmern.

Diese architektonisch so ungewöhnliche wie fotogene Pagode erhebt sich in der Ortschaft Kywegyan.

Junge Nonnen unterwegs in den Straßen von Mawlamyaing beim morgendlichen Sammeln von Almosen. Im Gegensatz zu den Mönchen erhalten sie jedoch für gewöhnlich kaum mehr als eine Hand voll Reis.

Seite 126/127: Im Osten ist Mawlamyaing gesäumt von mit Stupatürmen bekrönten Bergrücken, im Westen erstrecken sich der einst Martaban genannte „Vorort“ Mottama und der gleichnamige Golf, in den die Flüsse Gyaing und Thanlwin münden, sowie, weiter draußen, die Andamanen-See.

Zentralburma – zwischen Bagan und Inle-See

Einzigartig. Der viel strapazierte Superlativ ist in diesem Fall wirklich angebracht. Bagan, die Hauptstadt des ersten burmanischen Reiches und Ort, „an dem Himmel und Erde einander begegnen", zählt zu den absoluten Höhepunkten jeder Burma-Reise. Ihr Zauber lässt sich heute aus der Vogelperspektive, vom Heißluftballon aus, erfahren.

ZENTRALBURMA – ZWISCHEN BAGAN UND INLE-SEE

Als wäre man auf einem fremden Planeten gelandet. Da ist man soeben, im Flugzeug aus Yangon sitzend, dem Irrawaddy Richtung Norden gefolgt, hat zunächst Reisfelder und Dörfer, später auch dicht bewaldete Hügelketten überflogen. Und nun bei der Landung nach einer guten Stunde fällt der Blick auf eine gänzlich andere Szenerie: Akazien, Eukalyptus, Tamarinden, Sand, dürres Gras – eine Savannenlandschaft, dem südafrikanischen Veld nicht unähnlich und von den Einheimischen ganz prosaisch Thatthadesa, „verdorrtes Land", genannt, in der das Quecksilber im Frühjahr bis auf 45 Grad klettern kann. Was dieses flache Stück Land am Ostufer des großen Stromes so unvergleichlich macht, ist freilich seine kulturgeschichtliche Bedeutung. Sie spiegelt sich bis heute in jenem regelrechten Wald aus terrakottafarbenen, weiß- und sogar golden glänzenden Stupas wider, der hier unversehens aus der Ebene wächst und ausnahmslos jeden Besucher nachhaltig verzaubert.

Die Bewohner des Inle-Sees haben eine ganz spezielle, recht kurios anmutende Technik der Fortbewegung entwickelt. Um die Hände bei der Arbeit mit Reuse und Netz frei zu haben, rudern sie stehend, mit einem Bein.

Bagan, so heißt dieser wundersame Ort, ist neben dem Borobudur auf Java und der kambodschanischen Tempelstadt Angkor Wat eine der berühmtesten architektonischen Stätten Südostasiens. Mehr als 2200 religiöse Bauten säumen den gut 40 Quadratkilometer großen Uferstreifen an einer Biegung des Irrawaddy – der imposante Rest eines noch viel grandioseren mittelalterlichen Manhattans des Glaubens, das ursprünglich sage und schreibe 13 000 Tempel und Pagoden umfasste. Nicht zufällig stand diese Hauptstadt des ersten burmanischen Reiches einst im Ruf eines Ortes, „an dem Himmel und Erde einander begegnen".

Architekturkenner preisen an ihr im Besonderen die immense Vielfalt an Bauformen. Auf engem Raum finden sich hier sowohl die ganz frühen, noch vom Stil der Pyu beeinflussten gurken- und eiförmigen Stupas als auch die bereits einen eigenständig-burmanischen Stil markierenden Glockenstupas mit ihren nach oben hin sich verjüngenden Ringen (chattras). Außerdem vertreten sind die in Sri Lanka üblichen, Harika genannten quadratischen Aufsätze sowie Abschlüsse in Form breiter, diskusartiger Schalen mit zylindrischen, einem Maiskolben ähnelnden gerippten Enden. Häufig anzutreffen sind daneben die Patho genannten, im Gegensatz zum Stupa innen begehbaren Tempelbauten in diversen Variationen.

Der Versuch, als Normaltourist innerhalb der üblicherweise verfügbaren zwei, drei Tage auch nur annähernd alle Pagoden und Tempel Bagans zu besichtigen, ist von vornherein zum Scheitern verurteilt. Gewisse Abhilfe kann zwar die seit einigen Jahren mögliche Fahrt über das Gelände an Bord eines Heißluftballons schaffen – ein unvergessliches (allerdings nicht eben wohlfeiles)

Erlebnis. Doch zu ebener Erde, in der Mietkutsche, mit dem Mietfahrrad oder neuerdings sogar mit dem Elektroroller liegt die Kunst notgedrungen in der richtigen Auswahl. Zu Recht ganz oben auf jeder Rangliste findet sich der Ananda-Tempel, ein Meisterwerk der Mon-Architektur, um 1105 unter König Kyanzittha über einem Grundriss in Form eines Griechischen Kreuzes errichtet, mit einer 51 Meter hohen goldenen Spitze und fünf schneeweißen Terrassen, an deren unterster Hunderte von Terrakottakacheln bildhaft die Jakatas, die Geschichte der Vorexistenzen des Buddha aus dem Pali-Kanon, erzählen. Als heiligste Pagode wird mehrerer Buddha-Reliquien wegen die Shwezigon angesehen. Als größter Tempel, und deshalb ebenfalls besonders besichtigenswert, gilt der Dhammayangyi, als elegantester der Gawdawpalin und als höchster dank seiner 61 Meter hohen Shikhara, dem turmförmigen Abschluss, der Thatbyinnyu.

Ein Tagesausflug, den man nicht versäumen sollte, führt von Bagan 50 Kilometer weit Richtung Südosten zum Mount Popa. Bei ihm handelt es sich um einen 1500 Meter hohen, erloschenen Vulkan, der sich vor rund 2500 Jahren infolge eines heftigen Erdbebens abrupt aus dem kargen Flachland emporhob. Einer weit verbreiteten Vorstellung nach ist er die Heimstatt der Nat-Geister und deren Oberhaupts, des „Königs der Götter" (Thagyamin). Entsprechend ranken sich um den Berg, dessen steile, fruchtbaren Lavahänge ein dichtes Pflanzenkleid tragen („Popa" heißt Blume),

Im äußersten Süden des Ruinengeländes von Bagan erhebt sich direkt am Ufer des Irrawaddy die Lawkananda-Pagode.

Wie hier in Bagan pflegt man in Myanmar noch vielerorts jene hohe Kunst der Lackmalerei, von der schon Marco Polo begeistert berichtete. Das Wissen darum nahmen die alten Burmesen einst aus China in ihre neue Heimat mit. Die Grundsubstanz für den Lack bildet das Harz des Lackbaumes, das man durch Ritzen des Stammes gewinnt. Ursprünglich wurde der Lack wahrscheinlich verwendet, um die Holzgefäße haltbarer zu machen und besser abzudichten.

seit alters viele Mythen. An seinem Fuß lädt ein landesweit bekanntes Kloster zur Einkehr. Der Hauptgipfel ist angesichts des strapaziösen Klimas nur etwas für sehr sportliche Naturen. Plausibler ist der Aufstieg über 777 Stufen, vorbei an Getränkekiosken und kecken Affen, auf den halb so hohen Nebenvulkan, den Taung Kalat. Für das schweißtreibende Unterfangen wird man mit einem Prachtpanorama auf die schier endlose Ebene belohnt.

Von Hillstations, Höhlenpagoden und „Giraffen-Frauen"

Die neben Bagan zweite Hauptattraktion des zentralen Landesteils ist der etwa 280 Kilometer weiter östlich gelegene Inle-See. Wer ihn besucht und wenig Zeit mitbringt, steuert aus dem Tiefland kommend für gewöhnlich als Flugpassagier den regionalen Airport in Heho an. Doch spricht viel dafür, den ungleich längeren Landweg auf sich zu nehmen. Wer dies tut, gelangt unweigerlich nach Kalaw. In nicht enden wollenden Kurven schlängelt sich die Asphaltstraße aus der staubigen Ebene von Zentral-Burma über Thazi und Pyanangazu herauf in den Luftkurort am Westrand der Shan-Berge (eine ähnlich langsame Alternative ist der Bummelzug Richtung Shwenyaung). Hier, auf über 1300 Meter Seehöhe, heißt es nun zunächst tief Atem holen. Allzu wohltuend ist der Kontrast der kühlen und klaren, mit dem Aroma von Pinien angereicherten Bergluft im Vergleich mit der stickigen Hitze unten im Tal. Die britischen Verwaltungsbeamten wussten offensichtlich genau, weshalb sie den Ort zur bevorzugten Hillstation erkoren und seine Umgebung burmesische Schweiz nannten. Statt Reisterrassen, Palmen- und Bambushainen überziehen mitteleuropäisch anmutende Wälder und Gemüsefelder, Kartoffel- und Maisäcker die welligen Hügel. Kehrseite des erfrischenden Klimas: In den Wintermonaten sackt das Quecksilber nachts des Öfteren in den Frostbereich ab.

Der Sightseeing-Faktor Kalaws ist eher begrenzt: ein sehr malerischer Markt, als Hinterlassenschaft der imperialistischen Söhne Albions eine Reihe von Häusern im Kolonialstil, nepalesische Gurkhas, die mit den Briten kamen und nach deren Abzug in zivil blieben, sowie eine Reihe stattlicher Pagoden. Ein reizvolles Rahmenprogramm stellen jene ein- oder mehrtägigen Trekkingtouren dar, die einschlägige Büros unter kundiger Führung anbieten. In den Dörfern, in denen man rastet oder übernachtet, macht man mit den ansässigen Bergstämmen und ihren traditionellen Trachten Bekanntschaft: mit den Palaung zum Beispiel, die im Ruf besonders sachkundiger Pflanzer von Tee- und Tabaksträuchern stehen und deren Frauen rotgestreifte, durch Bastreifen verstärkte Longyis tragen; mit den an ihrer dunklen Kleidung und den Turbanen aus buntem Frottee erkennbaren Pa-O, und eventuell auch mit den Padaung, die durch die so rätselhafte wie drakonische Sitte ihrer Frauen, schwere Kupfer- und Messingringe um den Hals zu tragen und diesen giraffenhaft zu strecken, berühmt sind.

Ungleich mehr Menschen, einheimische Pilger wie Touristen, zieht das wenige Autostunden nördlich gelegene Städtchen Pindaya an: Schon von weitem sind die überdachten Aufgänge zu sehen, die sich, gigantischen Schlangen gleich, die steilen Abhänge hochschlängeln. Am Ende Aberhunderter von Stufen (das man bequemer auch über eine Allee aus Banyan-Bäumen und einen modernen Aufzug erreicht) liegt der Eingang zu der berühmten Tropfsteinhöhle. In deren erster Kammer erhebt sich die vergoldete Shwe-U-Min-Pagode. Dahinter erstreckt sich ein unterirdischer Irrgarten, bevölkert mit über 8000 mehrheitlich aus dem 18. Jahrhundert stammenden, teils aus Bronze, teils aus Holz, Gips oder Sandstein gefertigten Buddha-Figuren. Sieben Prinzessinnen sollen, so besagt eine populäre Legende, einst nach einem Bad im nahen See von einer grausigen Riesenspinne in der Höhle festgehalten worden sein. Ein tapferer Prinz habe das Untier mit Pfeil und Bogen getötet, die Maiden be- und die schönste von ihnen, wie könnte es anders sein, gefreit. Eine Visite wert ist übrigens auch das Elefantenkopf-Kloster Sein Kaw zu Füßen der Höhle mit seiner eindrucksvollen Kollektion kostbarer Buddha-Altäre.

Taunggyi, die Hauptstadt der Shan, liegt auf fast 1500 Meter Seehöhe. Sein kühles Klima genossen schon die britischen Kolonialherren. Heute ist es ein quirliger Umschlagplatz für Schmuggelware aus Thailand und China, hat an die 100 000 Einwohner und bereits etliche hohe Häuser. In der Stadt lässt sich einiges unternehmen: über den bunten, bis spätabends belebten Markt bummeln, im Shan-State-Museum volkskundliche Exponate begutachten, in der Taw-Me-Pagode am südlichen Stadtrand einem alten Brauch folgend seine innigsten Wünsche deponieren oder, wie in Kalaw, die schöne Umgebung erwandern. Ein Highlight ist das mehrtägige, stets im mittleren Herbst rund um Vollmond abgehaltene Heißluftballon-Festival, bei dem die fantasievollsten Himmelsgefährte um Preise wetteifern. Unbedingt sollte man einen Tagesausflug 40 Kilometer südlich, nach Kakku, unternehmen. Dort kann man seit wenigen Jahren ein mit über 2000 (!) Stupas bestücktes Pagodenfeld besichtigen – das zentrale Heiligtum der in der Gegend ansässigen Volksgruppe der Pa-O.

Seite 134/135: 55 Meter hoch ragt der Ananda-Tempel, das wohl berühmteste Heiligtum von Bagan, über die Ebene. Sein ursprünglicher Name bedeutete „Unendliche Weisheit", wurde jedoch mit der Zeit zu dem Namen des Vetters und treuen Schülers des Buddha umgedeutet. Seine an nordindische Vorbilder gemahnende Shikara (Turm) ist dank dem goldenen Kleid von kaum zu überbietender Eleganz und wird von einem ebenfalls vergoldeten Hti, einem symbolischen Ehrenschirm, bekrönt.

Zu jenen metaphorisch als „zehn Blumen" bezeichneten Metiers, die von myanmarischen Handwerksmeistern mit besonderem Stolz und Perfektionismus betrieben und deren Traditionen gewissenhaft von Generation zu Generation weitergegeben werden, zählt die Malerei. Diese beiden Männer sind im Dorf Myinkaba in einem Tempel namens Gubyaukgyi zugange.

Sonnenuntergang über einem der unzähligen Tempel Bagans. Auf mehr als 40 Quadratkilometern erstreckte sich hier in der Ebene, ein Stück südlich der Mündung des Flusses Chindwin in den Irrawaddy, vor 800 Jahren eine von 500 000 Menschen bevölkerte Stadt. Von den ursprünglich 13 000 Tempeln und Pagoden, die bauwütige Könige hier binnen nicht einmal zwei Jahrhunderten errichten ließen, stehen heute noch gut 2200.

Tempel über Tempel, wohin das Auge blickt. Die Hochblüte des Baufiebers währte nur etwa 200 Jahre. Bereits im 13. Jahrhundert erhob Khubilai, Enkel Dschingis Khans und Großkhan der Mongolen, Ansprüche, die der burmesische König Narathihapate nicht erfüllen wollte. Nach einer kurzen Schlacht ritt 1289 der Mongolenherrscher in der geheiligten Stadt ein. Das Gros der Baudenkmäler hatten freilich die Einheimischen zuvor schon selbst in Panik niedergerissen, um mit dem Material in Windeseile Wehrmauern hochzuziehen.

Die Reste von Bagan, der einst prächtigen Hauptstadt eines mächtigen Reiches, bilden wohl die eindrucksvollste Ruinenstätte ganz Burmas. Den höchsten Bau der insgesamt mehr als 2200 erhaltenen Tempel und Pagoden ist mit 61 Metern der vermutlich im Jahr 1144 eingeweihte Thatbyinnyu-Tempel.

Seite 138/139:
Die Dhammayazika-Pagode steht in Pwasaw am Ostrand der Ebene von Bagan und gleicht auf den ersten Blick der berühmten Shwezigon-Pagode. Doch bei genauerer Inspektion merkt man, dass ihre Terrassen im Unterschied zu jener fünf Ecken aufweisen, an deren jeder ein kleiner Tempel steht. Errichtet wurde der dank seiner goldenen, glockenförmigen Kuppel weithin sichtbare Bau von König Narapati Sithu im Jahr 1198.

Am stilvollsten und bequemsten lassen sich die wichtigsten Pagoden und Tempel Bagans mit einer Mietkutsche in Augenschein nehmen. Für eine Tagestour muss man als Ausländer circa 20 000 Kyat, also knapp 16 Euro, berappen.

Bagan zählt mit seinen über 2200, in einer Biegung des Irrawaddy auf eine Fläche von über 40 Quadratkilometern verteilten Tempeln und Pagoden aus dem 11. bis 13. Jahrhundert zu den reichsten archäologischen Stätten Asiens. Dieser Bauer lässt sich von solchen Superlativen beim Pflügen freilich nicht aus der Ruhe bringen.

Eine Verkäuferin mit frittierten Garnelen am Eingang der Bupaya-Pagode. Letztere steht am Ufer des Irrawaddy in Alt-Bagan und zählt zu den stärksten Besuchermagneten. Burmesen kommen scharenweise hierher, um zu beten, zu picknicken oder um auf dem Fluss eine Bootstour zu unternehmen.

Die hoch über dem Fluss thronende Bupaya-Pagode zählt zu den ältesten Stupas Bagans. Sie wurde vermutlich im 9. Jahrhundert errichtet, 1975 durch ein Erdbeben zerstört, inzwischen jedoch in ihrem goldenen Glanz rekonstruiert.

Südlich der Ortschaft Myinkaba steht der Nagayon-Tempel. Sein Name erinnert daran, dass der Bauherr, König Kyanzittha, angeblich an dieser Stelle – wie einst Buddha vom Naga-König Mucalinda beschirmt – im Schutz einer Naga-Schlange schlief. Die mit Dutzenden kunstvollen Sandsteinreliefs verzierte Anlage soll, was ihre harmonischen Proportionen betrifft, beim Bau des später errichteten Ananda-Tempels als Vorbild gedient haben.

Bagan – Macht und Magie am Irrawaddy

Großes Bild: Die Ebene von Bagan im Abendlicht. Angesichts der gigantischen Ausmaße der Sakralarchitektur fragt man unweigerlich nach der Motivation der Bauherren. Trieb sie ausschließlich die Hoffnung, das Nirwana zu erlangen? Oder war es doch auch die Absicht, den Untertanen weltliche Macht zu demonstrieren?

Jerusalem, Rom, Mekka, Benares oder Angkor Wat: Bagan, die an einer Biegung des Irrawaddy gelegene, einstige Hauptstadt des mittelalterlichen Burma, steht in einer Reihe mit den bedeutendsten religiösen Stätten dieser Welt. Und was ihre Ausdehnung und die verschwenderische Vielfalt ihrer Architektur betrifft, überragt sie diese sogar. Dennoch war Bagan fast die gesamte Neuzeit hindurch hinter dem Wahrnehmungshorizont des Westens verschwunden – ein weißer Fleck gewissermaßen im eurozentristischen Weltbild.

Wer heute am Ostufer des großen Stromes, rund 200 Kilometer südwestlich von Mandalay, die flache, von dürrem Gras und Buschwerk, Tamarinden und Akazien bedeckte Savanne erblickt, kann sich schwer vorstellen, wie es hier, nahe der Mündung des Nebenflusses Chindwin, vor 800 Jahren aussah: Ausgedehnte Reisplantagen bedeckten damals dank ausgeklügelter Bewässerung die Ebene, und dichte Wälder

Die Anlage von Mino Chantha mit ihren weißen Zedis erhebt sich unweit von Alt-Bagan und wurde 1112 erbaut. Im Vordergrund recken sich Palmyra- alias Lontaropalmen dem Blau des Himmels entgegen. Sie erreichen Höhen von bis zu 30 Metern. Aus ihren Blüten und auch dem Fruchtstand werden Palmwein und -schnaps produziert.

die umliegenden Berge. Die Stadt in ihrer Mitte maß mehr als 40 Quadratkilometer und zählte eine halbe Million Einwohner. Sie war 15-mal größer als die damalige City of London, beinahe so groß wie das heutige Manhattan. Und sie war das Herz eines Reiches, dessen Einfluss im Norden bis weit über Bhamo und im Süden bis zum Archipel von Mergui reichte; und dessen Herrscher dank dem Besitz wichtiger Hafenstädte den Überseehandel zwischen Indien und China kontrollierten.

Einheimische Chroniken zählen eine lange Reihe von Königen auf, die bis ins 2. Jahrhundert nach Christus, zu König Thamudarit, der das Volk der Pyu hierher führte, zurückreicht. 500 Jahre früher schon unterhielt das aus Tibet eingewanderte Volk der Pyu hier angeblich einen Stadtstaat. Die authentische Geschichte Bagans freilich setzt mit König Anawrahta ein. Er, der 1044 das Volk der Mon unterwarf, deren Hauptstadt Thaton eroberte und 33 Jahre herrschte, konzipierte seine neue Residenz als eine Art himmlisches Jerusalem des Buddhismus. Das Zentrum der Stadt sollte, auf quadratischem Grundriss errichtet und von einer hohen Mauer geschützt, gleichsam als Zentrum des Kosmos den Weltenberg Meru symbolisieren. Es war in neun Felder gegliedert – acht äußere, welche die damals bekannten Planeten versinnbildlichten, und ein dem Buddha geweihtes Inneres, in dessen Mitte er, Anawrahta, um seine irdische Macht spirituell zu legitimieren, den Königspalast platzierte.

Ungeheuerliches Baufieber

Unter den Nachfolgern am Thron, insbesondere König Kyanzittha (1084–1113), grassierte ein ungeheuerliches Baufieber. Sie schufen großartige Wohn- und Regierungspaläste, vor allem jedoch Abertausende noch viel großartigere Pagoden, Tempel und Kyaungs, Klöster. Womit sie nicht nur Reichtum, Macht und ihre tiefe Frömmigkeit manifestierten, sondern wohl auch ihrer Hoffnung auf eine höhere Wiedergeburt Ausdruck verliehen.

Die Blüte Bagans fand nach nur 200 Jahren, als mongolische Truppen unter Großkhan Khubilai die heilige Stadt einnahmen, ein jähes Ende. 1299 fielen Fürsten aus dem östlich angrenzenden Shan-Staat ein und beseitigten den letzten, von den Chinesen eingesetzten Schattenkönig. Bald darauf waren die gemäß der buddhistischen Lehre von der Vergänglichkeit alles Weltlichen allesamt aus Holz errichteten Profanbauten verfallen. À la longue verwitterten auch viele der sakralen, aus Ziegeln und Sandstein errichteten Gebäude oder litten – das bislang letzte Mal stark 1975 – unter Erdbeben. Nicht wenige wurden vom Irrawaddy, der seinen Lauf immer wieder veränderte, weggeschwemmt. Immerhin 2200 von den ursprünglich ungefähr 13 000 Tempeln und Pagoden haben die Zeiten überdauert. Zwischen sie gestreut, existierten

über die Jahrhunderte ein paar armselige Dörfer. Deren Bewohner wurden um 1990 von den Militärs nach Neu-Bagan, eine seelenlose Siedlung im Schachbrettmuster, zwangsumgesiedelt. Im Gegenzug sind in Nyaung U, dem heutigen Hauptort am Nordrand des historischen Geländes, reihenweise Läden, Esslokale und Hotels für Pauschaltouristen entstanden. Und immer mehr der alten, desolaten Monumente werden, teils mit internationalen Geldern, teils mit Spenden aus der Bevölkerung, renoviert beziehungsweise rekonstruiert.

Links:
Zwei Buddhas im Inneren des Dhammayangyi-Tempels, der als größter Sakralbau Bagans, aber auch wegen seines erstaunlich guten Erhaltungszustands als besonders besichtigenswert gilt.

Zu den grandiosesten Baudenkmälern, denen man im Laufe der Rundfahrt im Taxi oder (stimmungsvoller) per Kutsche, auf dem Mietfahrrad oder (am spektakulärsten) vom Heißluftballon aus die Parade abnimmt, zählt der Ananda-Tempel. Im Inneren dieses im späten 11. Jahrhundert entstandenen Meisterwerks der Mon-Architektur, das mit seinem mächtigen, weiß getünchten Hauptschiff und dem über 50 Meter hohen, vergoldeten Stupa aussieht wie ein Hybrid aus gotischer Kathedrale und Cape Canaveral, stehen vier kolossale Buddha-Figuren. Als heiligste Pagode Bagans wird die Shwezigon angesehen. Sie birgt ein Schlüsselbein und den Stirnknochen Buddhas sowie eine Kopie der berühmten Zahnreliquie aus dem ceylonesischen Pilgerort Kandy.

Die Ordinationshalle *Upali Thein wurde vermutlich in der ersten Hälfte des 13. Jahrhunderts errichtet und ist nach einem damals hochverehrten Mönch*

benannt. Man glaubt, dass der Bau den Stil zeitgenössischer Holzkonstruktionen nachahmt. Die schönen, recht gut erhaltenen Wandmalereien des Inneren stammen aus der Zeit um 1700.

Besonders gerne besucht und auch bestiegen wird von Touristen die Mingalazedi-Pagode. Der Grund? Zum einen gewiss ihre Bauweise: Dank der vollkommenen Proportionen gilt sie als klassisches Beispiel burmesischer Sakralarchitektur. Zum anderen aber, und vor allem, prägt sich ein Sonnenaufgang, von ihrer Terrasse genossen, besonders unauslöschlich ins Gedächtnis. In jenen Minuten hält man berauscht den Atem an. Man schweigt, lauscht, schnuppert, schaut, und – wetten? – wird später sehr bedauern, aus diesem Traum doch wieder erwacht sein zu müssen.

Seite 144/145:
Mehr als 2200 religiöse Bauten säumen den Uferstreifen an einer Biegung des Irrawaddy – der imposante Rest eines noch viel grandioseren mittelalterlichen Manhattans des Glaubens. Der Reichtum basierte im Wesentlichen auf dem Anbau von Reis, der dank eines hoch entwickelten Bewässerungssystems florierte.

Novizen des in dem Dorf Taung Bi gelegenen Klosters Nat Taung Kyaung freuen sich über eine kleine Zwischenmahlzeit. Ihr einheitliches äußeres Erscheinungsbild darf nicht darüber hinwegtäuschen, dass die Gemeinde der Mönche nach hierarchischen Regeln organisiert ist.

Ein tief in seine Lektüre versunkener Novize in einem Tempel in Bagan. In Burmas Gesellschaft wird die Sangha, die Gemeinschaft der Mönche, auch in ihrer Rolle als Bildungsträger hoch geachtet.

Großes Bild:
Innenansicht des in unmittelbarer Nähe des Dorfes Myinkaba stehenden Manuha-Tempels. Dieser wurde vor 950 Jahren errichtet und nach seinem Bauherrn, einem König aus dem Volk der Mon, benannt. Er birgt drei sitzende und einen liegenden Buddha. Letzterer misst an die 30 Meter und stammt aus dem 11. Jahrhundert.

Im „Ever Stand Lacquerware Workshop" in Bagan, einem Zentrum für kunstvolle Lackarbeiten, herrscht Hochbetrieb. 45 Menschen fabrizieren hier verzierte Dosen, Schalen und Tabletts – allesamt beliebte Souvenirs für Touristen. Mehrfarbige Lackgegenstände entstehen durch wiederholtes Bemalen, Gravieren und Polieren. Die Herstellung solch hochwertiger Arbeiten kann sich über mehrere Monate hinziehen.

Einige Padaung-Frauen (Burmesisch: Kayan) leben und arbeiten in den Dörfern auf dem Inle-See als Weberinnen. Ihre Volksgruppe gehört der Sprachgruppe der Mon-Khmer an. Obwohl buddhistisch geprägt und somit grundsätzlich von pazifistischer Denkungsart, sahen viele Männer aus ihren Reihen jahrzehntelang keine Alternative zum bewaffneten Kampf gegen die extrem repressive Zentralregierung. Seit etlichen Jahren nun schon ist ein – freilich brüchiger – Waffenstillstand in Kraft.

Diese Frau arbeitet für die „Myat Pwint Chel Silk & Lotus Weaving Company". Sie ist dabei, geschnittene Lotusstängel auseinanderzuziehen und deren unzählige feine Fäden mit den Fingern zu einem einzigen dickeren Faden zusammenzurollen. Insgesamt zählt die Weberei in dem Dorf Paw Khon auf dem Inle-See 30 Angestellte. Sie hat sich auf Lotus- und Seidenprodukte wie Kleidung, Schals, Tücher und Kissenhüllen spezialisiert.

Der Goldschmied U Shwe Htoo ist in dem Familienunternehmen „U Hla Pe & Family Gold and Silver Workshop" beschäftigt und arbeitet gerade an einem Ring. Zurzeit wird die in Ywama am Inle-See beheimatete Schmuckwerkstatt von den Söhnen U Shwe Htoo und Lay Zaw geführt. Ihr Vater, Firmenchef U Hla Pe, hat sich für ein Jahr als Mönch in ein buddhistisches Kloster zurückgezogen.

Oben und rechts: Die Umgebung des Dorfes Indein mit dem Inle-See ist ein landschaftliches Idyll. Etwas außerhalb, auf einer Hügelkuppe, erhebt sich die Shwe-Indein-Pagode. Ihr prägendes Merkmal sind Hunderte teils vergoldeter, teils in verschiedenen Stadien der Verwitterung befindlicher und gerade deshalb ungemein stimmungsvoller Stupas.

Links:
Diese Frauen gehören der in den Bergdörfern um den Inle-See beheimateten Volksgruppe der Pa-O an. Sie durchwandern – vielleicht unterwegs zu einem Markt? – ein Stupafeld, das westlich der Ortschaft Indein einen Hügel schmückt und aus dem 17. Jahrhundert stammt.

Der Vollmond wird im Jahreslauf zum Anlass für diverse Festivitäten genommen. So signalisiert er zum Beispiel sowohl Anfang als auch Ende der dreimonatigen Fastenzeit. In den hellen Nächten werden vielerorts Feuerballonwettbewerbe, Jahrmärkte und Lichterfeste zu Ehren diverser Nats inszeniert. Am Lichterfest der Myathalun-Pagode in der Provinzhauptstadt Magwe warten zahlreiche Tempelhelfer auf das abendliche Entzünden der Öllämpchen, auf dem Festgelände findet sich ein per Muskelkraft betriebenes Riesenrad.

Die Burmesen wissen hart zu arbeiten, steht jedoch ein Fest an, wissen sie auch gehörig zu feiern. Als spezieller Anlass dient der Vollmond: Im März/April findet dann Thingyan, das auch als „Wasserfest" bekannte myanmarische Neujahrsfest, statt. Zu Kason, dem Monat des Monsunbeginns (April/Mai) markiert der Vollmond den Buddha-Tag. An ihm wird feierlich der Geburt, der Erleuchtung und des Todes des Religionsstifters gedacht. Dieses kollektive Bad in den Fluten des Irrawaddy im Stadtgebiet von Magwe findet freilich jeden Abend statt und dient dem profanen Zweck der Körperreinigung.

Seite 154/155: Ein nicht nur visuell beeindruckendes Ereignis: Nachdem tagsüber Scharen von freiwilligen Helfern auf den Stufen der Myathalun-Pagode in Magwe tausende Öllämpchen aufgereiht haben, erstrahlen diese nun in festlichem Licht und erfreuen Augen und Herzen der buddhistischen Pilger.

Am Vollmondtag beim Lichterfest der Myathalun-Pagode in der etwa auf halbem Weg zwischen Pyay und Bagan gelegenen Provinzhauptstadt Magwe haben sich diese Nonnen zum Gebet zusammengefunden. Ordinationen von Mönchen, aber auch Hochzeiten, Bootsrennen und -prozessionen werden bevorzugt an diesen Tagen durchgeführt.

Seite 156/157:
50 Kilometer südöstlich von Bagan erhebt sich Mount Popa, ein Vulkanberg, der sich angeblich vor rund 2500 Jahren abrupt 1000 Meter hoch aus dem Flachland emporhob. Er ist wegen der Fruchtbarkeit seiner Hänge nach dem alten Sanskritwort für Blume, Popa, benannt.

Etwa 80 Kilometer Luftlinie nordwestlich des Inle-Sees, in einer Gegend, die man ob ihrer landschaftlichen Schönheit auch „myanmarische Schweiz" nennt, liegt Pindaya mit seiner berühmten Tropfsteinhöhle. Diese gilt für Burmesen aus der Zentralebene als wichtiger Wallfahrtsort.

Hinter der Shwe-U-Min-Pagode verästelt sich die Pindaya-Höhle in ein Labyrinth aus Gängen und Kammern, durch das man immer weiter in das Berginnere gelangt. Hier befinden sich über 8000 mehrere Jahrhunderte alte Buddha-Statuen. Sie zeigen den Erleuchteten in verschiedenen Posen, sind sehr unterschiedlich groß und aus vielerlei Materialien, von Stein, Gips und Zement bis Holz und Bronze, hergestellt.

Seite 160/161: Geradezu eine Pflichtstation auf Burma-Rundreisen ist der im Shan State gelegene Inle-See. 22 Kilometer breit und zehn lang, ist er das zweitgrößte Binnengewässer des Landes. Seine bergiggrüne Umgebung macht ihn zu einem Landschaftsjuwel ersten Ranges.

Gleich nach Durchquerung der Eingangshalle, in der ersten Höhlenkammer von Pindaya, erwartet Besucher neben etlichen großen Buddha-Statuen die Shwe-U-Min-Pagode. Unter den Gläubigen ist es Usus, deren Äußeres mit Goldplättchen zu belegen.

Am Aufgang zur Pindaya-Höhle erinnert eine künstliche Riesenspinne an eine weithin bekannte Legende. Ihr gemäß sollen in der Höhle einst sieben Prinzessinnen nach einem Bad im See im Berginneren gefangen gehalten worden sein. Ein gewisser Prinz Kummabhaya habe das Untier mit Pfeil und Bogen getötet, die Frauen befreit und sich als Retter die schönste von ihnen zur Gemahlin wählen dürfen.

Ein Fischer und seine Frau paddeln durch die „schwimmenden Gärten". Sie sind Intha, Angehörige jenes Volkes, das rund um den Inle-See lebt und etwa 100 000 Menschen zählt. Vermutlich im 18. Jahrhundert wanderte diese Ethnie, der ständigen Kämpfe zwischen Burmesen und Thai überdrüssig, aus ihrer Heimat, der südlichen Küstenprovinz Tenasserim, nordwärts und ließ sich, von der Fruchtbarkeit und dem moderaten Klima der Region angetan, hier nieder.

„Söhne des Sees", so werden Intha-Männer gerne genannt, ernten von ihren Booten aus frisches Seegras. Sie benötigen es in Kombination mit Wasserhyazinthen und Schlamm zum Bau der schwimmenden Beete.

Eine Besonderheit sind die „schwimmenden Gärten“: Aus den von einer dicken Humusschicht bedeckten Uferstreifen werden ein, zwei Meter breite Karrees von mehreren Dutzend Metern Länge ausgestochen, per Boot ins offene Wasser geschleppt, dort mit Bambus im Boden verankert, zusammengebunden und so fortan als regelrechte Felder bewirtschaftet.

Die Arbeit wird bei den Intha nach Geschlechtszugehörigkeit geteilt: Die Männer bauen die schwimmenden Beete. Die Frauen bewirtschaften diese, stecken, wie hier Tomaten, die Pflänzlinge aus, kontrollieren den Wuchs und ernten schließlich das Gemüse.

Der Inle-See – die Heimat der Fußruderer

Großes Bild: Die Intha-Männer, in deren Händen der Fischfang liegt, benutzen dabei Netze, die sie mit Reusen, meterhohen, konisch geformten Bambusgestellen, auf den Boden des Sees absenken.

Rechts: Morgenszene am Nan-Chaung-Kanal in Nyaungshwe: Bewohner der umliegenden Dörfer bringen mit ihren Booten Gemüse und andere Waren zum Markt. Das alte, im Süden des Shan-Staates gelegene Fürstenstädtchen gilt als Tor zum Inle-See. Mit diesem durch besagten Kanal verbunden, ist es sowohl Ausgangspunkt für die meisten Bootsausflüge als auch für Trekkingtouren in die umliegenden Bergdörfer.

Das zentrale Ziel für fast alle Reisenden im Shan-Staat und eine Hauptattraktion Burmas ist der Inle-See. 22 Kilometer lang, zehn breit, aber nur wenige Meter tief, ist er das zweitgrößte Binnengewässer des Landes, und mit seiner bergig-grünen Umgebung ein Landschaftsjuwel ersten Ranges. Dank des breiten Gürtels aus Schilf, Seegras und Wasserhyazinthen fungiert er auch als ein wertvolles Feuchtbiotop und Vogelreservat. Eine Art touristisches Markenzeichen bilden seine ungefähr 100 000 Anrainer – das Völkchen der Intha. Diese Ethnie burmanischen Ursprungs wanderte vermutlich im 18. Jahrhundert, der ständigen Kämpfe zwischen Burmesen und Thai überdrüssig, aus der südlichen Küstenprovinz Tenasserim nach Norden, ließ sich am damals nur wenig besiedelten Inle-See nieder und richtete sich hier alsbald seine eigene, kleine, sehr friedsame Welt ein.

Als „Söhne des Sees", so die Übersetzung ihres Namens, geben sie ein Musterbeispiel für die Fähigkeit des Menschen, sich seiner Umgebung perfekt anzupassen: Viele ihrer mehr als 200 Dörfer stehen zur Gänze auf Bambuspfählen und sind nur per Boot über Fahrrinnen erreichbar. Von den Hauptkanälen zweigen Seiten-„Straßen" zu den bis zu zweistöckigen Stelzenhäusern ab. Einzigartig ist ihre Art des Ruderns: Auf einem Bein am Heck balancierend, schlingen sie das andere um das Paddel und treiben so mit graziler, gewundener Bewegung ihre langen, schmalen Holzkähne voran. Diese Methode lässt den Männern beide Hände für ihre Haupttätigkeit, das Fischen, frei. Dabei benutzen sie Netze, die sie mit Reusen, meterhohen, konisch geformten Bambusgestellen, zum Grund des Sees ablassen. Mit einem lanzenartigen Stock scheuchen sie die Beute, vornehmlich Karpfen, Aale und Katzenfische, in die Falle. Auch ihre Agrarwirtschaft ist alles andere denn alltäglich: Sie stechen aus der wuchernden Vegetation, die entlang dem breiten Uferstreifen binnen weniger Jahrzehnte eine dicke Humusschicht bildet, Karrees von mehreren Dutzend Metern Länge und ein bis zwei Metern Breite aus, ziehen sie mit dem Boot auf das offene Wasser und verankern sie dort mit Bambusstangen im Boden. Zusammengebunden bilden Tausende dieser kyunpaw genannten schwimmenden Beete, die man übrigens quadratmeterweise auch vom Staat erwerben kann, regelrechte Felder, auf denen allerlei Gemüse wie Tomaten, Bohnen, Knoblauch und Kohl, aber auch Blumen für die Opferrituale in den Pagoden prächtig gedeihen. Nicht nur erübrigt sich auf diese Weise naturgemäß jegliches Bewässern. Die Bäuerinnen können auch vom Boot aus bequem sitzend das Säen, Jäten und Ernten erledigen.

Exotische Märkte

Die erste Begegnung mit dieser herrlich anachronistischen Lebensart ohne Stress, ohne Straßen und in entlegeneren Dörfern oft auch noch ohne Strom genießen Touristen für gewöhnlich in Nyaungshwe. In dieser alten Fürstenstadt, die über einen Kanal mit dem See verbunden ist, leben 12 000 Intha. Von hier, wo etliche Unterkünfte, Garküchen und Restaurants die Basisbedürfnisse der ausländischen Urlauber stillen, nehmen die meisten Bootsausflüge und auch die Trekking-Touren in die umliegenden Bergdörfer ihren Ausgang. Eine Fixstation selbst auf den standardisierten Halbtages-Rundfahrten ist einer der Märkte, die, über die Region verstreut, im Fünf-Tages-Rhythmus abgehalten werden. Bei dieser Gelegenheit kann man nicht nur das exotische Sortiment an Früchten, Gemüsen und Gewürzen bestaunen, sondern auch die umweltschonende Art, mit der die Marktfrauen ihren Kunden die Ware einpacken und verschnüren, nämlich in verrottbare Bananenblätter mit Bastschnüren. Mancherorts bietet sich außerdem die Gelegenheit zu Blicken in typische Handwerksbetriebe – Webereien zum Beispiel, in denen

noch händisch Seidenstoffe für Longyis entstehen, Töpfereien, urige Schmieden für Scheren, Messer und Macheten, oder kleine Kooperativen, in denen Frauen den örtlichen Tabak, vermengt mit Honig und Melasse, zu den im ganzen Land begehrten Cheroots vom Inle-See rollen. Von Touristen viel frequentiert wird aus atmosphärischen wie fotografischen Gründen, obgleich sein Warenangebot mittlerweile durch überteuerte Souvenirs verseucht ist, der schwimmende Markt von Ywama.

Ein besonders lohnender Ausflug führt in die knapp zehn Kilometer westlich des Sees gelegene Ortschaft Indein. Allein die Anfahrt im Boot über einen gemächlich mäandrierenden Flussarm, vorbei an Bambushainen, winkenden Kindern und sich genüsslich im Schlamm suhlenden Wasserbüffeln, ist an Romantik kaum zu überbieten. Und am Ziel wartet neben einer Dorfidylle par excellence ein Heiligtum mit ganz spezieller Aura: Die Shwe-Inn-Thein-Pagode, auf einer Hügelkuppe am Ende einer langen, überdachten Treppe gelegen, schlägt den Besucher mit ihren Hunderten verwitterten, teilweise von Pflanzen überwucherten und gerade deshalb besonders stimmungsvollen Stupas in ihren Bann. Obendrein genießt man von dort oben ein Traumpanorama auf See und Berg.

Links: Die schwimmenden Beete werden mit Bambusstangen in dem meist nicht mehr als drei Meter tiefen Wasser verankert. Das milde Klima sorgt im Verbund mit der dauernden Nährstoffzufuhr dafür, dass – vorrangig von verschiedenen Gemüsen und Blumen – mehrmals jährlich reiche Ernte eingefahren werden kann.

Dank des breiten Gürtels aus Schilf, Seegras und Wasserhyazinthen fungiert der Inle-See als ein kostbares Feuchtbiotop und Vogelreservat. Viele der mehr als 200 Dörfer ruhen zur Gänze auf Teak- beziehungsweise Bambuspfählen und sind nur per Boot über Fahrrinnen erreichbar. Nur im Hauptort Ywama existieren einige befestigte Wege zwischen den Häusern.

Eine Kuriosität, die so gut wie jede Bootsrundfahrt in ihrem Programm einschließt, ist der Besuch des Klosters Nga Phe Kyaung. Die inmitten des Sees auf Pfählen ruhende Anlage aus Teakholz birgt eine sehenswerte Sammlung alter Buddha-Statuen. Berühmt ist sie freilich für ihre Katzen. Die zutraulichen Tiere wurden von den örtlichen Mönchen dressiert, auf Kommando durch Reifen zu springen – ein ungewöhnliches Kunststück, das die Vierbeiner sichtlich ohne Scheu im Stundenrhythmus vor gezückten Touristenkameras vollführen.

Eine Häuserzeile im Dorf Nampan. Wohngebäude auf dem Inle-See sind in der Regel aus Bambus und Holz errichtet und stehen auf Holzpfählen. Jede Familie besitzt mindestens einen Kahn, der praktischerweise unmittelbar unter dem Haus geparkt werden kann.

Großes Bild: Auch manche Burmesen setzen im Alltags- und Berufsleben auf rasante Beschleunigung. Dieser Kapitän befördert mit seinem Schnellboot auf dem Hauptkanal von Ywama Passagiere und Waren zum „schwimmenden Markt“, der hier am Westufer des Inle-Sees alle fünf Tage stattfindet; und lässt dabei den Außenbordmotor gehörig jaulen. Im Hintergrund zu sehen ist das Hauptheiligtum des Ortes, die Phaung-Daw-U-Pagode.

Ywama ist bekannt für seinen auf dem zentralen Kanal stattfindenden „schwimmenden Markt“. Auch Werkstätten von Goldschmieden und Schirmherstellern kann man in dem Dorf besichtigen. Das Seeufer ist gesäumt von zahlreichen teils schneeweißen, teils golden verbrämten Zedis.

Oben:
Frauen und Männer, Jungen und Mädchen vom Volk der Pa-O haben sich schick gemacht. Sie sind aus den Bergdörfern des Umlandes, in denen sie das Jahr über wohnen, zuhauf herunter an den Inle-See gekommen. Der Zweck: Sie wollen die Phaung-Daw-U-Pagode, das Hauptheiligtum der Region, besuchen. Der Anlass: Der Nationalfeiertag der Pa-O, der in Abhängigkeit vom Mondkalender in den März fällt.

Links:
Frauen und Kinder der Palaung auf hoher Fahrt im Holzkahn über den Inle-See. Ihre offensichtliche Hochstimmung rührt daher, dass sie soeben die Phaung-Daw-U-Pagode besucht haben. Der nahe dem Städtchen Ywama gelegene Sakralbau zählt zu den heiligsten Stätten des südlichen Shan-Landes. Er birgt fünf kleine, angeblich Glück verheißende Buddha-Figuren, denen es alljährlich aus Anlass des Nationalfeiertags die Reverenz zu erweisen gilt.

Ein Höhepunkt im Jahreslauf ist das zu Vollmond im September/Oktober veranstaltete Fest Phaung Daw U. Zu seinem Anlass werden im Rahmen einer Prozession vier hochverehrte Buddha-Figuren aus der gleichnamigen, unweit von Ywama gelegenen Pagode in einer goldenen Barke um den See gefahren. Auf diese Weise sollen die Dörfer am Ufer ihren Segen erhalten.

Linke Seite und links: Novizen im Kloster Shwe Yan Bye in der Nähe von Nyaungshwe bei einer Pause beziehungsweise beim Entzünden von Opferkerzen. Der etwa auf halbem Weg zwischen Taunggyi, dem Verwaltungszentrum des Shan-Staates, und dem Flughafen von Heho an einem Kanal gelegene Ort Nyaungshwe gilt als Tor zum Inle-See.

Das Studium der Schriften ist unverzichtbarer Bestandteil des Mönchsalltags. Die Alphabetisierung der Bevölkerung wurde in vorkolonialer Zeit vorrangig von den Klöstern geleistet. Auch die Autoren der literarischen Werke waren überwiegend Mönchsgelehrte.

Der Norden – Mandalay und sein Hinterland

Das in Mandalay südlich der 35. Straße gelegene Kloster Shwe In Bin Kyaung wurde 1895 errichtet. Es lohnt wegen seiner wunderschönen aus Teakholz gefertigten Schnitzereien an Balustraden und Dachgesimsen einen Lokalaugenschein.

Der Norden – Mandalay und sein Hinterland

Ihr wohlklingender Name atmet den Glanz und die Herrlichkeit des alten Burma – eine zeitlose Entrücktheit und Kipling'sche Poesie. Dennoch mag Mandalay den romantisch gestimmten Reisenden zunächst ein wenig enttäuschen. Die „Goldene Stadt", einstige Residenz des letzten burmanischen Königs, entpuppt sich auf den ersten Blick als eine eher schnöde Großstadt. Über eine Million Einwohner, Abgase, Staub, auf den schachbrettartig angelegten Straßen eine gehörige Prise Chaos und neumodische Betonbauten, die mehr von chinesischem Geschäfts-, denn von einheimischem Schönheitssinn zeugen. „Rote, grüne und weiße Linie" nennt der Volksmund euphemistisch die Quellen des neuen Wohlstands. Und meint damit Rubine, Jade und Heroin.

Morgendliche Taubenfütterung in Mandalay. Im Hintergrund zu sehen ist der Königspalast samt Festungsgraben. Als König Mindon in den 1850er-Jahren Mandalay als neue Hauptstadt seines Reiches anlegen ließ, platzierte er Ratanapunja, die „königliche, goldene Stadt", im Nordost-Bereich der heutigen Millionenstadt. Ihr Mittelpunkt, der aus Holz konstruierte Palastbezirk, brannte im März 1945 in Folge der Kämpfe zwischen britischen und japanischen Truppen fast zur Gänze nieder.

Augenfälliges Sinnbild für die vordergründige Entzauberung ist die vier Quadratkilometer große Palastanlage im Zentrum: Ihre äußere Hülle, das Fort mit seinen vier mal zwei Kilometer langen und acht Meter hohen Außenmauern, dem über 50 Meter breiten Wassergraben, den drei Toren und vier Dutzend Wachtürmen hat die Zeiten überdauert. Der Königspalast selbst jedoch mit seinen vergoldeten Pavillons und über 100 aus Teakholz gezimmerten Nebengebäuden, den Amitav Ghosh in seinem Monumentalroman „Der Glaspalast" in all seiner schillernden Pracht eindrücklich beschrieb, ist längst nicht mehr – ein Opfer der Flammen, bis auf die Grundmauern abgebrannt während der heftigen Artilleriegefechte, die sich Japaner und Briten im März 1945 ausgerechnet hier lieferten. Das Areal diente der Armee lange Zeit als Stabsquartier. Der mittels Aluminium und Beton rekonstruierte Komplex wurde von Soldaten und ihren Familien bewohnt. Inzwischen jedoch können weite Teile zwischen Osttor und zentralem Platz besichtigt werden.

Milde gegenüber manch Missbildungen durch die Moderne stimmt unter anderem der Besuch des Mandalay Hill. Der Panoramablick von seinem 236 Meter hohen Gipfel auf den glitzernden Fluss, die Stadt und ihr mit Stupas übersätes Umfeld bis hin zu der meist wolkenverhangenen Silhouette der Shan-Berge ist – insbesondere bei Sonnenuntergang – betörend schön. Und wer sich die Mühe macht, statt schnurstracks im Bus, per Lift und Rolltreppe auf den Hügel zu fahren, ihn im Zickzack über die fast 1000 überdachten Stufen zu erklimmen, taucht im rechten Tempo, Schritt um Schritt, in die buddhistische Geisteswelt ein. Buddha-Statuen, kleine Pagoden, Reliquienschreine säumen den Weg. Verkaufsstände für Souvenirs aus Sandelholz verströmen ätherische Düfte. Und auf halber Höhe weist der vergoldete Shweyataw-Buddha mit ausgestreckter Hand hinab auf den Platz des Königspalastes.

Mandalay wurde erst 1857 von König Mindon als letzte Hauptstadt des burmesischen Reiches gegründet, doch schon 1885 von den Briten erobert und zu einer von vielen Provinzstädten Britisch-Indiens degradiert. Eine Legende besagt, Buddha höchstderoselbst habe einst auf dem Mandalay Hill sitzend seinem Lieblingsschüler Ananda prophezeit, unten im Tal würde 2400 Jahre nach seinem Tod eine Stadt, ein Zentrum buddhistischer Lehre, entstehen. Tatsächlich existieren im Großraum Mandalay heute an die 2000 Klöster, in denen 30 000 Mönche, rund zwei Drittel aller Mönche des Landes, leben. Viele Kunstdenkmäler versanken während der Kämpfe Ende des Zweiten Weltkriegs in Schutt und Asche. Doch viele sind stehen geblieben, allen voran die Mahamuni-Pagode. Alten Chroniken zufolge entstand während der Reise des Buddha in den Norden des späteren Reiches Rakhine ein Ebenbild des Erleuchteten aus Bronze. Im Jahr 1784 raubte der burmanische König Bodawpaya diese verehrteste Statue des Landes aus ihrem Schrein in Dhanyawady bei Mrauk U und schuf ihr, acht Kilometer von seinem Palast in Amarapura entfernt und mit diesem durch eine geziegelte Straße verbunden, eine Pagode. Mittlerweile ist der Mahamuni, der fast vier Meter hohe „erhabene Weise", mit einer seine ursprünglichen Konturen entstellenden, bis zu 35 Zentimeter dicken Schicht aus Blattgold bedeckt. Denn jeder gläubige Mann – Frauen dürfen sich der Figur nicht nähern – trachtet durch Auftragen eines hauchdünnen Plättchens sein Karma, den Saldo seines individuellen Seelenkontos, auf diese Weise zu verbessern.

Ein Kleinod und eine Oase der Ruhe im Trubel des Stadtkerns ist die Shwekyimyint-Pagode nordwestlich des Zentralmarkts Zeigyo und des Uhrturms. Die Buddha-Statue in ihrem Inneren ist über 800 Jahre alt. Als „größtes Buch der Welt" wird die unweit der Nordostecke des Palastareals zu Füßen des Mandalay Hill gelegene Kuthodaw-Pagode gerne bezeichnet. Der Grund: Rund um ihren der Shwezigon in Bagan nachgebildeten Hauptstupa hat man anlässlich des 1871 in Mandalay einberufenen Fünften Buddhistischen Konzils 729 kleine Pagoden errichtet. Jede birgt eine Marmortafel, auf der in feinster Pali-Schrift Texte aus dem Tripitaka eingemeißelt sind. Alle zusammen geben den Gesamttext des Pali-Kanon, der in drei Teilen verfassten buddhistischen Lehre, wider – ein Werk, für dessen einmalige Rezitation ein einzelner Mensch mehr als sechs Monate benötigte. Besichtigenswert sind neben vielem anderen auch zwei Klöster: das hölzerne Shwe Nandaw Kyaung, das als einziger erhaltener Originalbau des Palasts zerlegt und außerhalb seiner Mauern neu zusammengesetzt wurde, und das Shwe In Bin Kyaung, ebenfalls ein Teakholzbau mit wunderschönen Schnitzereien.

Die Königsstädte Amarapura, Inwa und Sagaing

Ein Aufenthalt in Mandalay wäre unvollständig ohne Ausflüge zu den unmittelbar benachbarten Königsstädten. Dort ist der Geist der alten Zeit noch viel lebendiger als in der Großstadt, wird das spirituelle Erbe der Region erst wirklich offenkundig. Im ausgehenden 18. und im 19. Jahrhundert pflegten die Herrscher, um das Andenken an ihre Vorgänger zu tilgen und damit auch eine Art dynastischen Neubeginn zu signalisieren, den

Ein Mahut, einer jener in Burma noch zahlreichen Männer, die von Berufs wegen einen Arbeitselefanten führen, verwöhnt seinen Schützling mit einer Leckerei. Wegen der Rodung der Wälder verschwindet der natürliche Lebensraum für die Dickhäuter immer mehr.

Die Stadt Bhamo wurde im 17. Jahrhundert gegründet und fungierte lange Zeit als wichtige Station für die Handelskarawanen auf ihrem Weg von und nach China. Heute präsentiert sie sich als ziemlich verschlafene, wohl aber gerade deshalb charmante Siedlung. Diese über einen halben Kilometer lange Brücke über den Tamphin-Fluss ist zwar, aus Bambus und Holz gefertigt, ein beeindruckendes Bauwerk. Für den Fernhandel ist sie freilich denkbar ungeeignet.

Regierungssitz häufig zu verlegen. Erste Station auf dieser überaus reizvollen Tour d'Horizon ist für gewöhnlich Amarapura. Die „Stadt der Unsterblichkeit", von den Einheimischen oft salopp als Taungmyo, „südliche Stadt" bezeichnet, war zweimal und jeweils nur für wenige Jahre Hauptstadt. Vom örtlichen Palast ist kaum etwas erhalten. Als stärkster Touristenmagnet wirkt die U-Bein-Brücke. Sie wurde um 1850 erbaut und führt, auf beinahe tausend Pfosten ruhend, als längste Teakholzbrücke der Welt 1,2 Kilometer weit über den Stausee Taungthaman. Sie frühmorgens oder kurz vor Sonnenuntergang inmitten von Scharen Einheimischer zu überschreiten, hinterlässt stimmungsvolle Eindrücke.

Als Juwel unter den Königsstädten gilt Inwa, ein Stück weit südlich an der Mündung des Flusses Myitnge in den Irrawaddy gelegen. Ratnapura, wie sein klassischer Name lautet, hatte sich im 14. Jahrhundert, nach der Eroberung Bagans durch Khubilai Khan, als Kern eines neuen myanmarischen Reiches herauskristallisiert und fungierte für fast 200 Jahre und hernach noch mehrmals für kürzere Abschnitte als dessen Hauptstadt. Aufgrund eines verheerenden Erdbebens (1838) ist von der historischen Bausubstanz wenig erhalten. Die Überfuhr mit der Fähre zu dem auf einer künstlichen Insel gelegenen Ort und die Erkundung der wenigen Sehenswürdigkeiten wie der Reste der Stadtmauer, des schiefen Wachturms Nanmyin oder des prächtigen Teakholzklosters Bagaya in einer Pferdedroschke versprechen aber idyllische Stunden.

Über die 750 Meter lange Inwa-Brücke, mit der die Briten 1934 den Norden Burmas für den Straßen- und Eisenbahnverkehr erschlossen, gelangt man hinüber zum Westufer des großen Stromes – nach Sagaing, das Anfang des 14. Jahrhunderts für kurze Zeit die Hauptstadt eines unabhängigen Shan-Reiches bildete. Während Amarapura und vor allem Inwa recht desolat und in Dornröschenschlaf versunken scheinen, herrscht hier stilles, aber umso intensiveres Leben. Sagaings sattgrüne Hügel, die im Frühjahr Frangipanis, Tamarinden und Bougainvilleen in ein betörendes Duftpolster hüllen, sind durchsetzt mit 600 Klöstern und zahllosen weiß leuchtenden Pagoden, sowie überzogen von einem Netz aus mit Zedis überdachten Treppen. Als ähnlich arkadisch erweist sich die Landschaft in Mingun. In dem eine gute Bootsstunde nördlich am Irrawaddy gelegenen und viel besuchten Ausflugsort plante König Bodawpaya den Bau der größten Pagode der Welt. 152 Meter hoch sollte ihr Stupa in den Himmel

wachsen. Fast 30 Jahre, 1790 bis 1819, ließ er Abertausende Sklaven und Kriegsgefangene an dem Monument seines Größenwahns schuften. Dann starb er, sein Lebenstraum blieb unvollendet. Bald darauf zerrüttelte ein Erdbeben den Torso, der heutige Betrachter selbst als 50 Meter hoher, 72 mal 72 Meter breiter Ziegelhaufen zu beeindrucken vermag. Apropos Superlativ: Für seine gewaltige Pagode wünschte sich Majestät selbstverständlich auch eine Mega-Glocke. Sie hat die Zeitläufte wie durch ein Wunder unbeschadet überdauert und gilt mit ihren 90 Tonnen, ihrem Durchmesser von fünf und ihrer Höhe von fast vier Metern als größte intakte Bronzeglocke der Welt.

Entlang der Burma Road Richtung China

Eine Schneise in das ansonsten immer noch schwer zugängliche und auch weitgehend straßenlose Shan-Hinterland schlägt die legendäre Burma Road. Sie wurde 1937 unter großen Opfern der insgesamt 160 000 chinesischen Arbeiter erbaut und führt von Mandalay 1200 Kilometer weit in die Provinz Yünnan in Südchina. Parallel zu ihr verläuft eine landschaftlich kaum minder lohnende Bahnstrecke bis hinauf nach Lashio. Erste Station ist, bereits in angenehm kühler Höhenlage, Pyin U Lwin. Die Briten, die in dieser Hillstation Schutz vor der Hitze suchten, nannten sie nach einem ihrer Generäle Maymyo. Militärisch geprägt ist das Städtchen bis heute, zieht doch die Armee an der örtlichen „Defence Services Academy" ihre künftigen Elitekader heran. Zivile Besucher schätzen vor Ort neben dem Klima das nostalgisch stimmende Kolonialambiente, den schönen Botanischen Garten und, als Ausflugsziele in der Umgebung, die beiden eindrucksvollen Wasserfälle namens Pwe Kauk und Anisakan.

Ähnlich adrett, wenngleich noch deutlich entspannter, präsentiert sich gut 100 Kilometer nordöstlich Hsipaw. Das von Wäldern umkränzte Städtchen war bis Anfang der Sechzigerjahre Sitz eines Shan-Fürsten, der bei den Tumulten nach dem Putsch General Ne Wins 1962 spurlos verschwand. Dessen Frau, die Österreicherin Inge Sargent, ging danach traumatisiert zurück nach Europa und schrieb die aufwühlenden Memoiren „Dämmerung über Birma. Mein Leben als Shan-Prinzessin". Der Palast des ungleichen Märchenpaares wird bis heute vom Neffen des Fürsten bewohnt, einem soignierten Herrn mit gepflegtem Englisch, der interessierte Besucher nachmittags zum Tee empfängt und ihnen aus seinem Leben erzählt.

Zwischen Pyin U Lwin und Hsipaw quert der Zug eine spektakuläre Schlucht, die seit alters eine schier unüberwindliche Barriere Richtung Norden darstellte. Um 1900 überbrückten Briten und Amerikaner sie durch das Gokteik-Viadukt, eine Meisterleistung der Ingenieurskunst, die seinerzeit international Aufsehen erregte und bis heute als angeblich zweithöchstes Viadukt der Welt bei Passagieren einen – 300 Meter – tiefen Eindruck hinterlässt. Im Zielort Lashio schließlich ist der Einfluss aus dem nahen China unübersehbar. Hier sind die Straßen plötzlich passabel geteert, die Häuser stattlicher, und das Warenangebot auf dem riesigen Markt zeugt von der emsigen Handels- und Schmuggeltätigkeit der mehrheitlich chinesischen Bewohner.

Seite 180/181: Die Sandamani-Pagode im Südosten des Mandalay-Berges: Sie wird des Öfteren mit der weiter im Osten stehenden Kuthodaw verwechselt. Auf den flüchtigen Blick gleichen die Komplexe einander in der Tat, wurden doch beide dem Prinzip des „Steinernen Buches" folgend errichtet. Doch besitzt Erstere mehr, nämlich an die 1800 mit marmornen Schrifttafeln versehene kleine, weiße Pagoden. Außerdem ist sie nur knapp über hundert Jahre alt, also deutlich jünger als die Kuthodaw-Pagode.

Morgenszene in Myitkyina: Bauern liefern per Boot auf dem Irrawaddy frisches Gemüse zum städtischen Markt. Im bergigen Norden gedeihen viele der in Europa gebräuchlichen Frucht- und Gemüsesorten, aber auch die meisten jener Chrysanthemen, die überall im Land zum Schmuck der Pagoden Verwendung finden.

Linke Seite:
Ob Auge und Sinne des Mönches in solch Ambiente wirklich zur Ruhe kommen? Wie auch immer: Die Heiligkeit dieses Tempels auf dem Mandalay Hill wird durch den betörend glitzernden Wanddekor allemal hervorgehoben.

Novizenweihe Shin Pyu in einem Kloster nahe der Straße zwischen Mandalay und Sagaing. Es ist für die Familie eine Ehre, jeden Spross einmal für kurze Zeit in ein buddhistisches Kloster zu schicken. Im Rahmen des Festes führt eine Prozession durch das Dorf und dreimal um den goldenen Hauptstupa.

Die Mahamuni-Pagode in Mandalay zählt neben dem Kyaiktiyo-Fels und der Shwedagon in Yangon zu den höchstverehrten Stätten Myanmars. Nur Männer dürfen auf die legendäre Buddha-Statue Goldplättchen applizieren.

Seite 184/185:
Der Königspalast von Mandalay im Abendlicht: Gemäß dem Modell der brahmanisch-buddhistischen Kosmologie sollte er den Berg Meru, das Zentrum der Welt, repräsentieren. Das Gelände ist von einer meterhohen Mauer sowie einem breiten Wallgraben eingefasst. Sämtliche Proportionen entspringen einer hochkomplexen Zahlenmagie.

Seite 186/187: Von ihrer schönsten Seite zeigt sich die U-Bein-Brücke von Amarapura frühmorgens oder kurz vor Sonnenuntergang. Sie ist übrigens das mit 1,2 Kilometern längste zur Gänze aus Teakholz gezimmerte Bauwerk der Welt.

Hier, an den Gestaden des Taungthaman-Sees in Amarapura sind Effizienzgedanke und technisierter Fischfang noch Fremdworte. Der Fischer zieht sein Wurfnetz nicht viel anders als seine Ahnen aus dem Wasser. Höchstens, dass dieses aus Nylon statt natürlichen Fasern gewoben ist.

Muskelkraft statt Maschinen: Bis zum Hals im fischreichen Wasser ziehen diese beiden Männer, auf Fangglück hoffend und mit sichtlicher Routine, ihr Netz hinter sich her.

Ein kurzer Moment sanften Aufruhrs in einem ansonsten denkbar friedlichen Ambiente: Ein Entenhüter nahe dem Ufer des Taungthaman-Sees scheucht, zu welchem Zweck lässt sich nicht erkennen, eine Schar seiner schnatternden Schützlinge auf.

Als wäre die Zeit vor vielen Generationen einfach stehen geblieben: Ein Bauer bahnt sich bei Amarapura mit seinem Ochsengespann seinen Weg durch den seichten Uferbereich des Taungthaman-Sees.

Linke Seite:
In Burmas urbanen Zentren ist die Modernisierung seit einigen Jahren deutlich merkbar. Fabrikneue Autos, Konsumgüter, Hochhäuser signalisieren den dynamischen Aufbruch Richtung Gegenwart. Auf dem Land jedoch herrscht noch die Normalität der bleiernen Jahrzehnte. Die Straßen sind nicht asphaltiert, Pferdekutschen und, wie auf diesem Reisfeld bei Inwa, Ochsenkarren weiterhin gängige Verkehrsmittel.

Reis ist für die Burmesen, ja überhaupt für alle Bewohner Südostasiens, unangefochten Nahrungsmittel Nummer eins. Wie hier in Inwa werden die einzelnen Setzlinge, nachdem sie auf die Felder verteilt wurden, meist von Frauen in die nasse Erde gepflanzt.

Seite 192/193:
Bambusflöße am Irrawaddy: Was fotogen wirkt, spiegelt zwar den Reichtum des Landes an Naturschätzen wider, aber in gleichem Maße auch die enorme Rückständigkeit der Infrastruktur. Die Desolatheit des Straßennetzes macht den mächtigsten Fluss des Landes auch zu seiner Hauptverkehrsader.

Der Irrawaddy – die Lebensader des Landes

Zur Fortbewegung durch das Land stehen in Burma prinzipiell vielerlei Transportmittel zur Verfügung. Doch während, wer das Flugzeug wählt, bekanntlich die alte Weisheit missachtet, wonach der Weg das Ziel sei, strapazieren die Bahn und, obwohl neuerdings durchaus komfortable Überlandbusse zum Einsatz kommen, auch die desolaten Straßen Geduld und Sitzfleisch immer noch über Gebühr. Die mit Abstand schönste Art des Reisens ist deshalb hierzulande an Bord eines Schiffes; namentlich auf dem Irrawaddy. Burmas längster Fluss ist mit über 2800 Kilometern der Thanlwin alias Salween, der, im Westen weitgehend unbekannt, in Ost-Tibet unweit der Quellen von Jangtse und Mekong seinen Anfang nimmt, um nach Überwindung tiefer Schluchten bei Mawlamyaing in den Golf von Mottama, sprich: die Andamanen-See, zu münden. Der Irrawaddy ist etwa um ein Viertel kürzer, doch bis heute unbestritten die Lebensader des Landes und engstens mit seiner Geschichte verwoben. Er, den Rudyard Kipling als „Road to Mandalay" literarisch besang und die Welt neuerdings auf Geheiß der Behörden Ayeyarwady zu nennen hat, entspringt im südlichen Himalaja, der Grenzregion zu Tibet zwischen fast 6000 Meter hohen Bergen. Er rauscht zunächst durch die engen Täler des Hochgebirges, mäandriert später im Tiefland, Myanmar gleichsam in zwei Hälften teilend, über Mandalay Richtung Süden und fächert sich nördlich von Hinthada in ein neunarmiges, über 15 000 Quadratkilometer großes Delta auf. Sein mächtigster Zubringer ist der fast 1000 Kilometer lange, für die Erschließung der nordwestlichen Landesteile bedeutsame Chindwin.

Der Irrawaddy, der sich je nach Transkription und Epoche auch als Erabatty, Irabatty, Irawandi, E-ya-wadi und Irawadee in alten Annalen und auf Karten findet, ist zu drei Vierteln schiffbar und dient den Burmesen – in Ermangelung effizienter Fernstraßen – als der zentrale Transportweg. Vor allem aber bildet sein breites Becken seit Menschengedenken die Kernzone der burmesischen Geschichte, in der die meisten Machtzentren der verschiedenen Reiche, allen voran Bagan, lagen. Letzteres ist mit ein Grund, dass auf ihm immer mehr, teilweise durchaus luxuriös ausgestattete Passagierschiffe mit Touristen an Bord unterwegs sind. Denn was gibt es Schöneres, als in Sichtweite der malerischen Pagoden und Klöster vor Anker zu gehen und diese frühmorgens, noch bevor andere Reisegruppen sie auf dem Landweg stürmen, zu besichtigen? Die meistfrequentierte Strecke ist entsprechend jene zwischen Bagan und Mandalay. Doch verkehren manche wendigeren Schiffe weiter nordwärts bis nach Bhamo und sogar bis Myitkyina.

Flöße, Boote, Schiffe

Die sinnliche Hauptattraktion einer solchen Flussfahrt ist unbestritten der Augenschmaus: Kurz nach Sonnenaufgang, wenn ein dünner, würziger Nebel über dem Wasser liegt, begegnet der Blick mit zarten Pastellfarben gemalten Frauen, die am Fuß des sandigen Steilufers Wäsche waschen oder, von Booten aus, haufenweise Opferblumen in die Fluten streuen. Bauern holen mit ihren Ochsenkarren Wasser vom Fluss. Ein Stück weiter mühen sich Büffel mit

Großes Bild: Der Irrawaddy entsteht aus dem Zusammenfluss von Mehka und Malihka, die beide zu Füßen des Himalaja entspringen. Er legt auf seinem Weg Richtung Süden 2100 Kilometer zurück. Seine neue, hochamtliche Bezeichnung, Ayeyarwady, stammt aus dem Altindischen und bedeutet übersetzt „Erquickung" beziehungsweise „der die große Frische bringt".

Bambus, zu gigantischen Flößen vertäut, treibt den Irrawaddy abwärts Richtung Meer. Die Steuermänner wissen aus langjähriger Erfahrung nur allzu genau um die Tücken der Strömungen und Sandbänke.

meterdicken Baumstämmen. Und Schiffer schleppen vom Treidelpfad aus an Seilen ihre schwer beladenen Kähne stromaufwärts (es fehlte zum idealtypischen Bildtableau nur noch ein Asket im Lotossitz unter dem Bodhi-Baum). Und mittags, wenn der Sommerhimmel seine Bläue wie knatterndes Fahnentuch über die Flusslandschaft knallt und, wie die Burmesen sagen, „die Füße schweigen", staken die Fischer mit ihren Ruderbooten träge im flachen Wasser. Aus Bambusstämmen zusammengebundene Flöße, zweimal so groß wie die stattlichsten Passagierschiffe, treiben vorbei, Richtung Ozean. Über den Bambus- und Strohhütten am Ufer flirrt die Luft. Selbst den Moskitos ist es, so scheint es, zu heiß, um ihrer Lieblingsbeschäftigung nachzugehen. Und als bleichgesichtiger Nordländer verharrt man tunlichst im schützenden Schatten des Sonnensegels am Oberdeck, um der „prickelnden Hitze", zu entgehen – jener temperaturbedingten Hautreizung, über die George Orwell in seinen „Burmese Days", dem literarischen Vademekum für Burma-Nostalgiker, auf jeder zweiten Seite klagt.

Links: Warenverkehr wie anno dazumal: Dieses Frachtschiff, hier vor Anker bei Bhamo am Oberlauf des Irrawaddy, wird vom „Inland Water Transport" (IWT) betrieben, einem 1865 begründeten, dem Verkehrsministerium unterstellten, also staatlichen Unternehmen „zum Transport von Personen und Gütern".

Schroffe Kalkformationen sind charakteristisch für den Engpass bei Sinkhan. Von hier noch weiter flussaufwärts, unweit von Myitkyina, plante die Regierung in Kooperation mit der China Power Investment Corporation den Irrawaddy zwecks Energiegewinnung zu stauen. Das Projekt erregte jedoch im Land selbst und international so viel Protest, dass der Staatsrat im Herbst 2011 tatsächlich verkündete, es sei gestoppt, weil „es nicht dem Wille des Volkes entspricht".

Eine ganz eigene, besonders reizvolle Welt für sich stellt schließlich das Delta des Irrawaddy südwestlich von Yangon dar: In dem 15 000 Quadratkilometer großen, für Touristen noch wenig erschlossenen Gebiet, das im Frühjahr 2008 durch den Zyklon Nargis besonders schlimm getroffen wurde, zeigt sich Burma von seiner tropisch-grünsten und fruchtbarsten Seite. Es ist als Refugium bedrohter Tierarten, etwa der Batagur-Flussschildkröte oder des weltgrößten Reptils, des Leistenkrokodils, von enormer ökologischer Bedeutung. Und seit die Briten es Mitte des 19. Jahrhunderts durch Trockenlegung von Sümpfen agrarisch erschlossen, ist es die Reiskammer des Landes. Ja, bis in die Sechzigerjahre war es dank dreier Ernten pro Jahr sogar das ergiebigste Reisanbaugebiet der Welt.

Großes Bild:
Der Sagaing Hill im gleichnamigen Ort: Zwischen dem 17. und 19. Jahrhundert verlegten Burmas Herrscher häufig ihre Residenz. Ihre Absicht: das Andenken an ihre Vorgänger zu tilgen und eine Art dynastischen Neubeginn zu signalisieren. So entstanden in unmittelbarer Nachbarschaft zu Mandalay mehrere Königsstädte, in denen das spirituelle Erbe der Region bis heute lebendig ist.

45 Buddha-Statuen mustern in der Umin-Thounzeh-Pagode in Sagaing mit so milder wie stoischer Miene zwei Novizen bei ihrem hingebungsvollen Gebet.

Die Aung Myae Oo Monastic Education School wurde 2003 von dem buddhistischen Mönch Venerable Vilasa in Sagaing gegründet. Am kostenlosen Unterricht, der von Spendengeldern finanziert wird und bei schönem Wetter schon auch mal auf dem Schulhof stattfindet, nahmen im ersten Halbjahr 2015 regelmäßig mehr als 2000 Nonnen und Novizen aus armen Familien beziehungsweise Waisenkinder teil.

Eine festliche Prozession zieht anlässlich der Weihe von Novizen an der Mingun-Pagode vorbei: Der kolossale, circa 15 Kilometer nördlich von Mandalay gelegene Bau blieb unvollendet. Errichtet haben die Tausenden von Sklaven „nur" fünf Sockelterrassen mit jeweils etwa 150 Meter Seitenlänge sowie den Unterbau.

Linke Seite:
1816 ließ ein König namens Bagyidaw für seine verstorbene Hauptfrau Hsinbyume eine Pagode errichten und nach ihr benennen. Der reizvolle Rundbau symbolisiert den Weltenberg Meru. Auf seinem „Gipfel", von dem diese Novizen gerade auf einer Treppe herabsteigen, erhebt sich ein klassischer Stupa mit einem Hti obendrauf.

Panoramablick von der Mingun-Pagode: Gegen Ende des 18. Jahrhunderts hatte es König Bodawpaya gedrängt, das größte buddhistische Monument der Welt zu stiften. An die 160 Meter hoch sollten die Backsteinmassen himmelwärts ragen. Doch nach 15 Jahren ließ der Bauherr die Arbeiten einstellen. Der Grund: Eine Prophezeiung sagte den Untergang seiner Dynastie für den Fall voraus, dass das kühne Werk vollendet würde.

Auf den hitzegeplagten Besucher warten in Pyin U Lwin neben der wohltuend frischen Luft unter anderem die beiden eindrucksvollen Wasserfälle von Pwe Kauk und – hier im Bild – von Anisakan. In dem klimatisch so gesegneten Ort unterhält übrigens das myanmarische Militär eine Garnison.

Rechte Seite: Auf einem zur Bodhi-Tataung-Pagode in Monywa gehörigen Gelände stehen mehr als tausend lebensgroße Buddha-Figuren, von denen viele über einen eigenen, schattenspendenden, aus Beton gegossenen Schirm verfügen. Neben jedem hat man einen Bodhi-Baum gepflanzt, ein Exemplar jener Pappel-Feige, in deren Schatten meditierend der Buddha einst die Erleuchtung (bodhi) erlangte.

Ein Mönch in Betrachtung der mit Inschriften versehenen Steinstelen im Kloster Ledi. In Monywa gründete ein berühmter Gelehrter 1886 diese Anlage. Sie erinnert mit ihren mehr als 800 Stelen stark an die Kuthodaw-Pagode, die wenige Jahre zuvor anlässlich des 1868 bis 1871 dort abgehaltenen fünften buddhistischen Konzils in Mandalay errichtet wurde.

Seite 202/203:
Etwa 160 Kilometer westlich von Mandalay liegt am östlichen Ufer des Flusses Chindwin das Städtchen Monywa. Es ist Ausgangspunkt für den Besuch der Thanboddhay-Pagode. Diese wurde erst gegen Mitte des 20. Jahrhunderts errichtet und beherbergt über eine halbe Million Buddha-Bildnisse. Mit ihrem Goldbelag und den 845 Zedis, die den Hauptstupa umstehen, wirkt die Pagode wie ein Gebilde aus einer Märchenwelt.

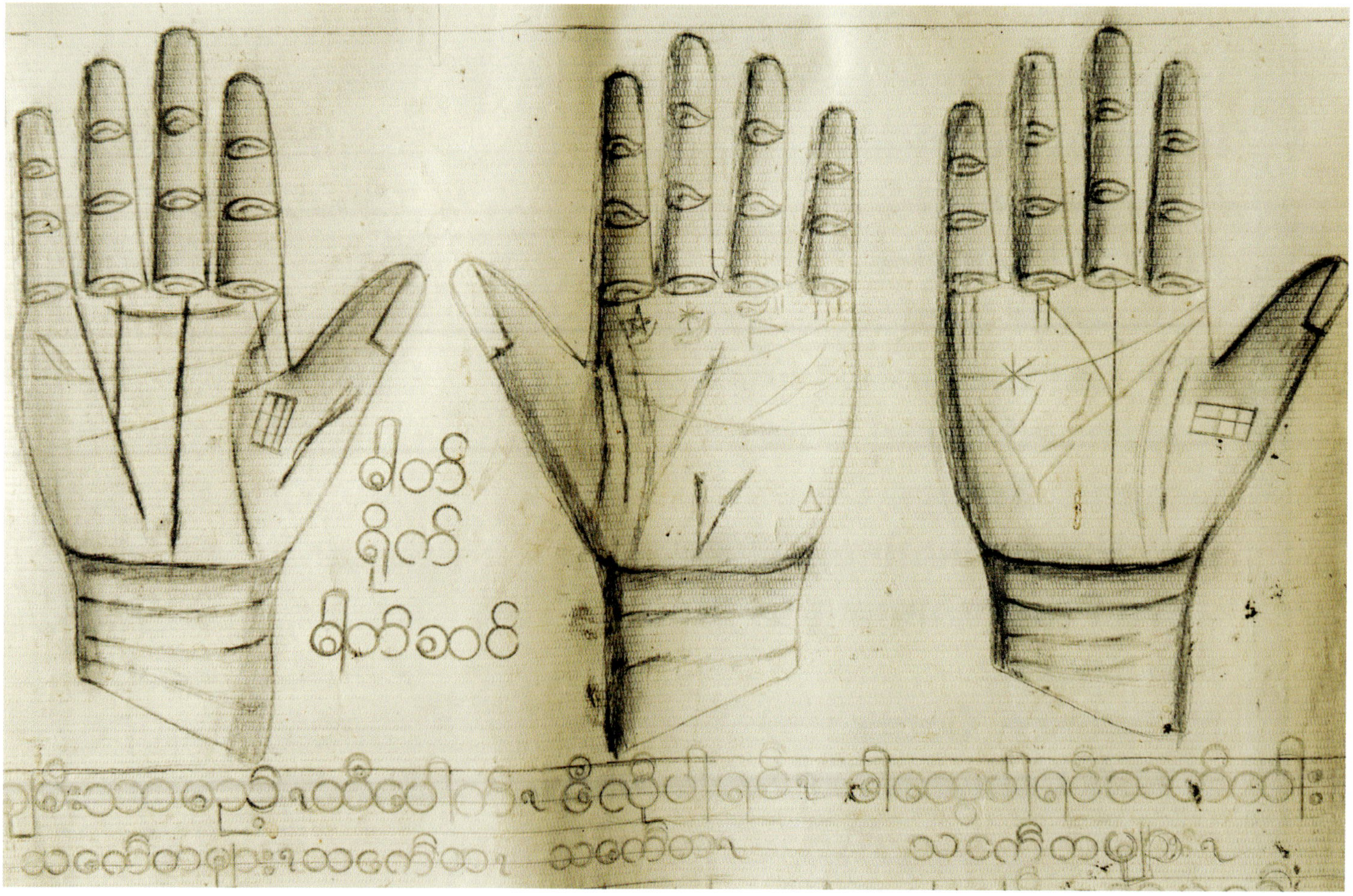

Am Haupteingang zur Shwezigon-Pagode, dem zentralen buddhistischen Heiligtum der Stadt Monywa, weist eine Zeichnung unmissverständlich darauf hin: Hier können Einheimische Handleser und Wahrsager konsultieren!

Sonderbare Kärtchen und Kaurimuscheln sind nur zwei von vielen Utensilien, mit deren Hilfe Wahrsager ihren Klienten die Zukunft prophezeien. Ihr Beruf ist unter den mit überwältigender Mehrheit sehr gläubigen Burmesen höchst angesehen, ihre Kunst aus deren Alltag beim Bemühen, richtige Entscheidungen zu treffen, nicht wegzudenken.

Ohne Zweifel eine die Konzentration fördernde Umgebung: Die Hpo-Win-Daung-Höhlen bei Monywa sind reich mit Stupas aus Sandstein, Buddha-Figuren und teilweise gut erhaltenen Wand- und Deckenmalereien bestückt. Benannt sind sie nach U Hpo Win, einem Alchemisten, der in ihnen lange Zeit lebte.

Myanmar grenzt bekanntlich an Indien und China. Nicht verwunderlich daher, dass die meisten Restaurants sowohl Currys als auch diverse Nudel- und Reisgerichte aus dem nordöstlichen Nachbarland auf der Karte haben. Auf Wunsch im Angebot dieser Köchin am Nachtmarkt von Monywa: Gegrilltes, Currys, gefüllte Pfannkuchen und Frühlingsrollen.

Auch die Betreiberin dieses Essstandes am Nachtmarkt in Monywa, der jeden Tag ab 17 Uhr beim Uhrturm öffnet, führt gebackene Frühlingsrollen im Angebot.

Eine Auswahl an Spezialitäten, die ambulante Köche an vielen Straßenecken in Monywa wie in den anderen Städten des Landes feilbieten, zählen Shrimpchips, Shanwürste, süße Pfannkuchen, Kürbis, außerdem, für westliche Mägen eher gewöhnungsbedürftig, gegrillte Heuschrecken und vielerlei Varianten von in Öl ausgebackenen Snacks.

Die traditionelle myanmarische Küche legt das Schwergewicht auf Fischgerichte, Reis und Gemüse. Rindfleisch und Milch fanden sich, da Burmesen keine Tierzüchter sind, ursprünglich nur spärlich. In den Straßen der urbanen Ballungsräume jedoch bekommt man vielerorts durchaus Grillspieße kredenzt. So auch in Monywa, der mit fast 400 000 Einwohnern zweitgrößten Stadt des Nordens.

Burmesisches Kunsthandwerk – unter Lackmalern, Vergoldern und Seidenstickern

Großes Bild: Ein hölzerner Webstuhl in der für ihre erlesenen Seidenlongyis weithin bekannten Weberei Daw Sun Son in Mandalay. Der Longyi, ein dem in Südasien und im südpazifischen Raum gebräuchlichen Sarong verwandter Wickelrock, ist das traditionelle Kleidungsstück aller Myanmaren. Er besteht in der Standardgröße aus einem zwei Meter langen und ein Meter breiten Stück Stoff, das um die Hüfte geschlungen und von Männern am Bauch, von Frauen an den Hüften zusammengeknotet wird.

Es mag schon sein, dass ihre Berufsgenossen in Thailand oder Vietnam bei Reisenden aus dem Westen größere Bekanntheit genießen. Doch was ihre Fähigkeiten betrifft, stehen Burmas Kunsthandwerker jenen der Nachbarländer um nichts nach; eher im Gegenteil. Und die Traditionen ihrer Metiers reichen teilweise Jahrtausende tief in die Geschichte zurück und werden so gewissenhaft wie stolz von Generation zu Generation weitergegeben. Myanmarische Meister der manuellen Traditionen nennen jene Bereiche, in denen sie einen besonders hohen Grad an Perfektionismus erreicht haben, metaphorisch die „zehn Blumen“. Dazu zählen Malerei, Lackkunst, Stuckatur, Holzschnitzerei, Modellieren, Bildhauerei, Buntmetallguss, Gold-, Silber- und Eisenschmiedearbeiten. Unbestrittene Hauptstadt des Kunsthandwerks ist Mandalay. Wo einst Burmas letzter König residierte (und dessen Hofstaat für steten Bedarf an hochwertiger Ware sorgte), werden bis heute in zahlreichen Fachwerkstätten uralte Techniken hochgehalten – mit oft archaischen Werkzeugen, immenser Sorgfalt und einer schier unendlichen Geduld, der das Motto der westlichen Moderne, Zeit sei Geld, offensichtlich nichts anhaben kann.

Der Stoff für die traditionellen Longyis der Frauen, der auf Burmesisch als Thamein bezeichneten Wickelröcke, wird mancherorts, wie hier in Amarapura, noch mit der Hand bemalt.

Vor allem in den Gassen des Mahamuni-Viertels, südlich der gleichnamigen, berühmten Pagode, darf man als Tourist so manchem Meister und seinen Mitarbeitern bei der Arbeit über die Schulter schauen – den Bildhauern, wie sie aus dem Marmor, der bei Sagyin, im Norden der Stadt, gebrochen wurde, Buddha-Figuren meißeln und schleifen (und damit zugleich ihren Lebensunterhalt verdienen und ihr Karma verbessern); den Frauen und Kindern, wie sie, auf Holzpodesten im Schneidersitz über große Stickrahmen gebeugt, mit schmalen Fingern filigrane Tier- und Blumenmuster auf seidene Longyis applizieren oder schwarzen Samt mit sakralen Bildmotiven aus Glitzerfäden besticken; den Holzschnitzern, wie sie mit feinen Messern einen Hausaltar oder die Tür eines neuen Tempels aus Teakholz mit mythischen Reliefszenen verzieren, einer Nat-Figur oder einer Puppe für das berühmte Marionettentheater ihre filigranen Züge verleihen.

Auch in der Umgebung Mandalays harren zahlreiche hochinteressante Handwerksbetriebe der Besichtigung: in der altehrwürdigen Königsstadt Amarapura zum Beispiel Baumwoll- und Seidenwebereien, in Ywataung unweit von Sagaing Silberschmiede. Und in Kyi Thum Kyat, an der Straße nach Amarapura, gießen Bronzeschmiede Gongs, Glocken und Buddha-Figuren. Als Souvenir erstehen kann man all diese und viele andere Erzeugnisse übrigens auf dem Zeigyo-Markt an der 84. Straße, aber auch auf Yangons Bogyoke-Aung-San-Markt und auf den zahlreichen Märkten der Provinzstädte.

Goldplättchen und Lackmalerei

Mit besonderer Hingabe betrieben und weit über die Landesgrenzen hinaus bekannt ist die burmesische Lackmalerei. Die Technik, Gefäße mit Lack abzudichten und zu verzieren, wurde in China bereits im 2. Jahrtausend vor Christus praktiziert und gelangte kurz nach der Zeitenwende über die heutige Region Yünnan in den burmesischen Raum. Zu voller Blüte entfaltete sie sich in Bagan zur Zeit König Anawrahtas, also vor knapp 1000 Jahren. Als Rohmaterial dient das Harz des Thitsi-Baumes, das man ähnlich wie Kautschuk abzapft, mit Reiswasser, Asche, Holzmehl oder Kuhdung versetzt, zu einer schwarzen Masse erhitzt und auf die Gefäße – die, wenn billig, aus Holz, sonst aus einem Bambusgeflecht gefertigt sind – aufträgt. Nach mehrmonatiger Lagerung in belüfteten Kellern werden die Stücke poliert, neu lackiert, wiederum getrocknet ... Bis zu 20 Schichten Lack kommen auf wertvolle Dosen, Buchdeckel oder Schatullen. Dann erst ist der schwarze Untergrund perfekt, um mit einer Feder die Ornamente eingeritzt zu bekommen und mit – in der Regel roter oder blauer – Naturfarbe zusätzlich verziert zu werden. Die gesamte Prozedur kann bis zu zwei Jahre dauern.

Apropos Hingabe: Mit enormen Mühen verbunden ist auch die Herstellung der für die religiösen Opferrituale der Burmesen unverzichtbaren Goldplättchen. Gut zwei Dutzend Betriebe, alle an Mandalays 36. Straße beheimatet, haben sich darauf spezialisiert. Das im Norden des Landes gewonnene Edelmetall wird erst gewalzt, dann in kleine Stückchen geschnitten und schließlich von muskulösen Männern mit Drei-Kilogramm-Hämmern in rhythmischen Schlägen immer dünner geklopft. Aus einer Unze Gold erzeugt man so zehn Quadratmeter Folie. Zuletzt, in fast schon transparentem Zustand, werden die Blättchen mit Pinzetten zwischen geöltes Reispapier gelegt. Ein zwei Zentimeter hoher Stapel enthält ungefähr 100 Goldfolien, deren letzter Weg vorgezeichnet ist: nämlich von Gläubigen zum Zeichen der Verehrung auf Buddha-Statuen und Pagoden geklebt zu werden.

Links:
Bei einem Stadtbummel durch Mandalay stößt man auf mehrere passabel sortierte Werkstatt-Läden für Kunsthandwerk, insbesondere Marionetten und Wandteppiche. Für Letztere unter anderen empfehlenswert ist der nahe der Mahamuni-Pagode gelegene „Aung Nan Handicrafts Workshop“, zu dessen Markenzeichen das Besticken der Werkstücke mit Goldfäden, Glasperlen und Pailletten gehört.

Burmas Kunsthandwerker haben es in zehn Bereichen, den sogenannten „zehn Blumen“, zu hoher Meisterschaft gebracht.

Eine davon ist die Bildhauerei. Vor einigen Jahren noch arbeiteten die Steinmetze vorrangig mit Hammer und Meißel. Inzwischen erleichtern Schleifmaschinen die schweißtreibende Arbeit.

Großes Bild:
Die Palaung zählen zu den ältesten eingeborenen Ethnien im Vielvölkerstaat Myanmar. In den Shan-Bergen ansässig, sind sie wie die meisten Minderheiten vom Militärregime hart bedrängt und teilweise ins thailändische Exil getrieben worden. Dennoch haben sie bis heute ihr ausgeprägtes kulturelles Erbe bewahrt. Zu Ehren Buddhas und der Mönchsgemeinde wird im Dorf Pankan eine festliche Prozession abgehalten.

Eine Angehörige der Palaung-Ethnie am Bambuswebstuhl. *Teilweise weben und nähen die Frauen ihre Kleidung und den Kopfschmuck noch selbst.*

Die Palaung gehören *der Sprachgruppe der Mon-Khmer an. Sie stehen im Ruf, besonders sachkundige Pflanzer von Tee- und Tabaksträuchern zu sein. Ihre Frauen erkennt man an den rot bis lila gestreiften Longyis.*

Seite 212/213:
Die meisten Arbeitselefanten dürfen über Nacht zur Futteraufnahme in den Dschungel, wobei sie an einen Baum gekettet werden. Allerdings schrumpft der natürliche Lebensraum für die Dickhäuter wegen der weitflächigen Rodung der Wälder immer mehr.

Oben:
Das eindrucksvolle Bauwerk der Brücke über den Fluss Tamphin bei Bhamo misst gewaltige 550 Meter und wurde zur Gänze aus Bambus und Holz erbaut.

Rechts:
Diesem Mann obliegt die verantwortungsvolle Aufgabe, die Brücke bei Bhamo über den Tamphin-Fluss zu überwachen.

Die beiden jungen Nonnen freuen sich offensichtlich, fotografiert zu werden. Sie leben und praktizieren den buddhistischen Weg gemeinsam mit 53 Gleichgesinnten beiderlei Geschlechts in einem Kloster namens Dein Hpa, das sich auf einem Hügel nahe dem am Oberlauf des Irrawaddy gelegenen Städtchens Bhamo befindet.

Ganz im Norden Myanmars, dort, wo durch die Vereinigung der Flüsschen Mehka und Mahlika der Irrawaddy entsteht, liegt Myitsone. In der Gegend, die in jüngsten Jahre durch das – vorläufig wenigstens – gestoppte Projekt eines von China finanzierten und geplanten Riesenstaudamms in die internationalen Schlagzeilen geriet, sind zahlreiche Glücksjäger zugange. Sie suchen in dem reichlich Sedimente aus dem Himalaja führenden Wasser auf eigene Faust nach Gold.

Myitkyina, das Verwaltungszentrum des Kachin-Staates, liegt im Norden Myanmars. Die Stadt ist ein wichtiger Warenumschlagplatz im Handel mit den benachbarten Chinesen, was den Bootsbauern im Hafen der Stadt regelmäßige Arbeit sichert.

Diese Goldsucherin ist trotz ihrer so monotonen wie kräftezehrenden Tätigkeit offenbar guter Laune. Der Sand wird über eine Holzrutsche gekippt und gewaschen. Manchmal bleiben in den grünen Matten winzige Partikel des begehrten, Wohlstand versprechenden Edelmetalls hängen.

Myitkyina liegt, handelsstrategisch bedeutsam, nur etwa 300 Kilometer Luftlinie südlich des Dreiländerecks mit China und Indien am Ufer des Irrawaddy. Die Flussverbindung Richtung Süden sorgt dafür, dass die Arbeiter im örtlichen Hafen kaum Probleme kennen, Jobs zu finden. Motor der Entwicklung ist der intensive Abbau von Jade in der Region, an der vor allem die benachbarten Chinesen hochinteressiert sind.

Rechts und unten: Das Manao-Fest findet jedes Jahr rund um den 10. Januar, dem höchsten Feiertag im Kachin-Staat, in dessen Hauptstadt Myitkyina statt. Mitglieder verschiedener Kachin-Gruppen tanzen in traditionellen Kostümen. Priester mit Pfauenfederkopfschmuck und Seidenroben führen die lange Reihe der Tänzer an. Die Aufführungen finden auf dem Wunpawng Ninggawn Manau Wang, dem Festplatz, zu Füßen eines bunten Totempfahls statt.

Seite 220/221: Morgenstimmung auf dem Irrawaddy: Burma mag auf den Besucher als pittoreskes Museum wirken, wo sich Kultur und Religion, Traditionen und Lebensweisen seit urdenklicher Zeit kaum verändert haben. Doch man vergesse – trotz dem Ende der Isolation und der daraus resultierenden, durchaus markanten Verbesserungen der jüngsten Jahre – die politische und soziale Kehrseite nicht!

Links: Einen besonders farbenprächtigen Auftritt haben bei den Tanzvorführungen zum Manao-Fest in Myitkyina die Frauen der Jingpaw- und Lhaovo-Ethnie.

CHINA
BHUTAN
INDIEN
BANGLADESCH
CHINA
VIETNAM
LAOS
THAILAND
KAM-
BODSCHA
BURMA
(MYANMAR)
(INDIEN)
Golf von Bengalen
Golf von Thailand
Andamanensee
Andamanen
Nikobaren
Mergui-Archipel
Hkakabo Razi
5881m
Gaoligong Shan
5151m
Patkai Range
Tawum Bum
3352m
Kumon Taung
3734m
Saramati
3826m
Mangin Taung
Chin Taung
Mindat
3055m
Liangshan
2548m
2607m
2080m
2072m
Brahmaputra
Ganges
Chindwinn
Ayeyarwaddy
(Irawadi)
Thanlwin (Salween)
Mekong
Sittaung
Indawgyi-
See
Inle-See
Ramree
Manaung
Kadan
Putao
Hkamti
Myitkyina
Homalin
Tamu
Katha
Bhamo
Sampanago
Muse
Kutkai
Kunlong
Namtu
Mogok
Lashio
Hsipaw
Mawlaik
Kale
Falam
Shwebo
Halin
Monywa
Sagaing
Pyin U Lwin
Mandalay
Amarapura
Myingyan
Pakokku
Yengan
Pindaya
Bagan
Meiktila
Taunggyi
Chauk
Kalaw
Nyaungshwe
Kakku
Yamethin
Kengtung
Mong
Hsat
Tachileik
Buthidaung
Maungdaw
(Sinchaingbyin)
Dhannavati
Vesali
Mrauk U
Sittwe (Akyab)
Minbu
Magwe
Lewe
Loikaw
Kyaukphyu
Ramree
Thayet
Bawlakhe
Pyay
Padaung
Sri Ksetra
Taungoo
Thandwe (Sandoway)
Shwedaung
Pyu
Ngapali
Kyangin
Hpapun
Nyaunglebun
Hinthada
(Henzada)
Bago
(Pegu)
Waw
Kyaikhtiyo
Chaungtha
Taikkyi
Ngwe Saung
Thaton
Hpa-an
Pathein (Bassein)
Yangon
(Rangun)
Myaungmya
Kyauktan
Mawlamyaing
(Moulmein)
Labutta
Pyapon
Kyaikkami
Thanbyuzayat
Ye
Pagawyun
Dawei
(Tavoy)
Palaw
Myeik
(Mergui)
Tanintharyi
(Tenasserim)
Bokpyin
Kawthoung
Guwahati
Imphal
Dhaka
Kolkatta
Khulna
Chittagong
Chiang Mai
Vientiane
Khon Kaen
Nakhon Sawan
Bangkok
Phnom Penh
Surat Thani

Impressum

Buchgestaltung
Matthias Kneusslin
www.hoyerdesign.de

Karte
Fischer Kartografie, Aichach

Printed in Italy
Repro: Artilitho snc, Lavis-Trento, Italien, www.artilitho.com
Druck/Verarbeitung: Grafiche Stella srl, Verona, Italien

ISBN 978-3-8003-4819-0